LES

ORIGINES DE LA FAMILLE

QUESTIONS

SUR LES

ANTÉCÉDENTS DES SOCIÉTÉS PATRIARCALES

PAR

A. GIRAUD-TEULON

GENÈVE

A. CHERBULIEZ & Cie

LIBRAIRES-ÉDITEURS

Grande Rue, 2

PARIS

SANDOZ & FISCHBACHER

LIBRAIRES

Rue de Seine, 33

1874

A. Mr. Ernest Renan
membre de l'Institut
hommage respectueux de l'auteur
A. Giraud-Teulon

LES

ORIGINES DE LA FAMILLE

DU MÊME AUTEUR :

La Mère chez certains peuples de l'antiquité, Paris et Leipzig, 1867, E. Thorin et Brockhaus.

Janus, traduit de l'allemand, Paris, 1869, A. Lacroix, Verbœckhoven et Cie.

La Papauté et l'État, traduit de l'allemand, Genève, 1870, Cherbuliez.

Coriolan devant M. Mommsen, critique d'une critique, Genève, 1871, Cherbuliez.

La Royauté et la Bourgeoisie, étude sur l'histoire de France. Paris, 1871.

LES

ORIGINES DE LA FAMILLE

QUESTIONS

SUR LES

ANTÉCÉDENTS DES SOCIÉTÉS PATRIARCALES

PAR

A. GIRAUD-TEULON

GENÈVE
A. CHERBULIEZ & Cie
LIBRAIRES-ÉDITEURS
Grande Rue, 2

PARIS
SANDOZ & FISCHBACHER
LIBRAIRES
Rue de Seine, 33

1874

GENÈVE, IMPRIMERIE RAMBOZ ET SCHUCHARDT

INTRODUCTION

Les progrès scientifiques accomplis dans notre siècle et particulièrement dans sa seconde moitié, offrent pour principal caractère — et ce caractère est toute une révolution — d'avoir « définitivement » substitué à l'idée, le fait, à l'induction, la seule déduction. Les éléments des théories ne sont plus des « conceptions, » mais des groupements de faits, observations ou expériences ; et les théories elles-mêmes ne sont que la formule qui les résume sous une dénomination ou une loi plus ou moins concise. L'idée *à priori*, la conception mécanique imaginaire des phénomènes ou de leur succession, si brillantes qu'en aient été les expressions produites par l'antiquité et depuis par le dix-septième siècle, sont désormais écartées du terrain scientifique. Plus on pénètre dans l'étude du « Cosmos, » plus on reconnaît la pauvreté du raisonnement pur, ses fictions, quand apparaissent au jour les multiples voies de l'évolution réelle des phénomènes naturels.

Cette méthode, dite expérimentale ou d'observation, qui a, de nos jours, porté si haut les sciences physiques, a même raison d'être dans le domaine historique ; et le travail que nous soumettons ici au public a pour but de lui offrir le tableau d'une de ses plus récentes applications à un ordre de questions dans lesquelles la critique semble pénétrer pour la première fois.

Ces questions, dont on supposait l'établissement inébranlable, ont pour objet l'étude des formes primitives de la société humaine que l'analyse nous montre assez éloignées des origines communément acceptées par la philosophie de l'histoire. Les idées presqu'universellement admises nous rattachent en effet, soit à une famille unique, soit à un petit nombre de familles primordiales dont nos sociétés sont provenues en se transmettant intactes de génération en génération, les lois constitutives premières, représentées encore aujourd'hui par le type patriarcal.

Or, l'étude indifférente du fait n'indique pas que l'homme ait paru sur le globe à la tête de sa famille toute formée ou sur le point de l'être, et formée telle que nous la voyons encore, telle que l'histoire classique nous en transmet la tradition. Comme il paraît établi pour le monde physique, l'exégèse nous laisse apercevoir dans le monde moral le produit de transformations successives, lentement effectuées à travers les âges, et rattachées les unes aux autres par des transitions le plus souvent insensibles. A mesure que s'élargit l'horizon de nos connaissances relatives à l'histoire des espèces vivantes, on découvre chaque jour au-dessous des types, jusqu'ici réputés primitifs, des formes de moins en moins parfaites, sans jamais rencontrer l'état initial ni des choses ni des êtres. Et, de même que les faunes et les flores s'échelonnent dans les temps passés, le genre humain présente dans l'histoire de son développement social et moral une analogue succession d'états, de plus en plus grossiers.

C'est ainsi que, lorsque dans l'étude de la famille patriarcale nous pensions jusqu'ici saisir le point de départ des premières sociétés, ce point de départ semble n'avoir été lui-même que le terme d'une longue étape antérieure de l'humanité, et qu'au-dessous des civilisations patriarcales on peut reconnaître les vestiges d'un état social plus rudimentaire.

Tous ceux qui ont entrepris de retracer la genèse de l'humanité, ont admis comme un axiome évident par lui-même, que les plus anciennes réunions d'êtres humains ne sauraient avoir connu d'organisation plus simple ni plus primitive que celle de la famille patriarcale. L'origine de toute société, a-t-on répété depuis l'antiquité, c'est l'agglomération naturelle des parents par le sang, composée du père, de la mère et de leurs descendants, c'est là le groupe primordial donné par la nature « au commencement des choses. » Dans cette famille, le père règne en qualité de propriétaire absolu de sa femme, de ses enfants et des biens de la petite communauté ; à sa mort, l'aîné de ses fils lui succède et continue à gouverner la famille : bientôt, grâce aux naissances, cette association de parents s'agrandit et devient un *clan* (une *gens ;* un γένος). Dans le cours des générations, ce *clan*, par l'effet de l'accroissement normal de la population, se subdivise lui-même en *clans distincts,* dont tous les membres descendant d'une origine commune se voient rattachés les uns aux autres par les doubles liens de la naissance et de la puissance paternelle. Ces clans en se réunissant forment une *tribu,* et plus tard (toujours par l'effet d'une série de concentrations successives autour d'un noyau originaire) les tribus, en se rapprochant, constituent une communauté politique, dont le chef (rex, βασιλεύς) descend en ligne directe de l'ancêtre des différents chefs de clans et de tribus. Ainsi se seraient formés, dans les temps préhistoriques, les peuples, les nations, simples extensions de la « *famille naturelle,* » qui, dans cette théorie, aurait joué le rôle d'une monade, souche de l'humanité.

Rien n'est plus familier à notre esprit que le tableau de cette tribu patriarcale. L'histoire profane et l'histoire sacrée nous en reproduisent la peinture stéréotypée au début de la plupart des civilisations antiques. Le régime patriarcal est devenu le moule dans lequel on a fait rentrer, de gré ou de force et sans croire faire aucune violence aux faits, toutes les institutions politiques, sociales, économiques et religieuses du monde primitif. Il offre une organisation à la fois simple, morale, en accord apparent avec l'histoire des anciennes sociétés, et non-seulement la raison semble le désigner comme l'unique forme d'association possible aux époques barbares, mais il se présente encore à nous apporté par une tradition si ancienne et si générale, que ce système emporte avec lui comme l'idée d'une des caractéristiques de la race humaine.

Toutefois, ce système est-il en réalité l'unique forme sociale qui ait gouverné les divers groupes de notre espèce? Est-il même autochthone parmi les races qui l'ont pratiqué depuis l'antiquité et celles-ci n'ont-elles point connu d'états différents qui l'aient précédé ou même engendré?

C'est une question que l'on est fondé à se poser dans le cours d'une étude attentive des relations de voyages, des écrits de l'antiquité, des mœurs, des légendes des populations barbares, et dont la discussion ne permet plus aujourd'hui de reproduire la leçon ancienne sans de nombreux points d'interrogation.

Sous les pieds des peuples classiques s'étend une couche épaisse de fossiles humains, qui, pendant une période indéterminée, ont jadis occupé de vastes espaces du globe, et obéi à des nécessités, à des lois et à des idées profondément différentes de celles des populations historiques. Ce *substratum* du genre humain, anéanti ou recouvert par des races supérieures, a laissé en Asie, en Amérique et en Afrique, comme témoignage des civilisations primitives, des débris d'institutions domestiques et sociales, diamétralement opposées à celles de la famille patriarcale. Les lois organiques de la famille, pendant cette ère archaïque, paraissent avoir généralement reposé sur le fait naturel de la maternité, et non pas sur le principe de la puissance paternelle : la parenté, la généalogie des individus s'y réglaient d'après la naissance maternelle; les droits de succession, de propriété, l'autorité dominicale appartenaient à la ligne féminine, et l'homme, en tant que mari ou père, se trouvait relégué dans une position subordonnée.

Les faits, sur lesquels s'appuie cette conjecture, sans avoir encore été exposés dans l'ordre méthodique où nous les présenterons, ont été cependant déjà *partiellement* entrevus par quelques écrivains — entre autres au siècle dernier par le P. Lafitau, dans son ouvrage sur les « Mœurs des Sauvages américains [1], » et plus récemment par M. d'Eckstein dans son étude sur les Cares de l'antiquité [2]. Ce n'est toutefois que depuis peu d'années que l'érudition moderne a permis de leur assigner une valeur historique et une portée philosophique.

En 1861, les savantes recherches de M. Bachofen ont les premières signalé l'existence d'une phase de civilisation reposant sur le principe maternel, et antérieure à l'ère patriarcale chez la plupart des grands peuples de l'antiquité classique. Son livre du Mutterrecht [3], malgré les imperfections inséparables d'un premier défrichement, a eu le mérite d'ouvrir à la science une voie inexplorée et de soulever à l'égard des origines de la famille un problème

[1] Mœurs des Sauvages américains. Paris, 1721.
[2] Revue Archéologique, 1858.
[3] Das Mutterrecht. Stuttgart, 1861.

dont les termes n'avaient pas même été soupçonnés jusqu'alors.

Cet ouvrage a été suivi bientôt après par un traité non moins important de M. Mac Lennan [1] sur la formation des anciennes tribus, dans lequel l'auteur écossais, sans avoir connaissance des travaux précédents de M. Bachofen, a également reconnu l'institution de la parenté par les femmes chez un grand nombre de peuples primitifs.

Enfin en 1871, les études de M. Morgan, sur les «Systèmes de Consanguinité [2],» sont venues fournir une sorte de base aux recherches de ses prédécesseurs, en nous montrant les périodes embryonnaires de la famille chez les peuplades océaniennes, malaises et peaux-rouges.

Ces traités fondamentaux jettent une vive lumière sur les origines des anciennes sociétés

[1] Primitive Marriage. Edinburgh, 1865.

[2] Systems of Consanguinity and affinity of the human family, Smithsonian Contributions to Knowledge, t. XVII. Washington, 1871.

et — quoique entrepris isolément les uns des autres, dans des vues et d'après une méthode différentes — ils ne laissent pas que d'offrir entre eux un lien logique à l'aide duquel on peut les relier. Aussi leur avons-nous emprunté quelques-unes des idées essentielles de cet Essai : à M. Bachofen, la notion de la famille maternelle et plusieurs des documents utilisés dans le cours de notre étude ; à M. Mac Lennan, la loi de l'*exogamie*, relative à l'organisation de la Tribu ; et à M. Morgan, le tableau de la famille chez les Havaïens et les Peaux-Rouges, — nous efforçant de concilier avec nos propres recherches les résultats généraux auxquels sont parvenus ces auteurs, mais n'entendant nullement rendre ces savants responsables ni de nos hypothèses, ni de notre théorie. L'interprétation systématique que nous sommes amené à proposer des singularités signalées par les voyageurs dans la constitution de la famille barbare, nous a paru résulter des *faits* eux-mêmes ; elle n'est pas le produit d'une opinion purement inductive ou *à priori*. La liaison des idées, les conclusions se sont offertes d'elles-mêmes, et nous les avons acceptées sans préventions comme sans entraînement. Nous sommes-nous mépris à l'apparente déduction des faits? Avons-nous fait fausse route? Le lecteur appréciera. La difficulté est grande à s'orienter dans le dédale des mœurs et institutions primitives. Nous ne saurions donc espérer, dans le cours d'une exposition, réduite à la plus extrême sobriété, avoir réussi à *démontrer* une thèse encore mal définie sans doute, mais qui semble rattacher les premières ébauches de la *famille* au seul lien matériel qui unit à la personne de la mère, la personne de l'enfant. De nouvelles preuves et des recherches futures pourront seules donner à ces propositions inattendues le caractère d'autorité qui leur manque encore, et finir peut-être par leur assurer un jour droit de cité dans la science.

CHAPITRE I

§ 1.

La parenté par les femmes.

La famille, chez certaines populations de l'Océanie, de l'Amérique et de l'Afrique, se présente à l'Européen sous un aspect assez étrange : elle repose, non sur le principe de la descendance paternelle — mais sur celui de la *naissance maternelle*. Dans cette famille, le lien de consanguinité qui unit deux individus dépend exclusivement de leur généalogie utérine, et l'enfant reçoit de sa mère, non de son père, la qualité qui détermine ses rapports de parenté avec les autres membres de la société.

En Australie [1], aux îles Mariannes [2], Fidji [3], Tonga [4], et sur quelques autres terres de l'Océan Pacifique [5], les indigènes ne reconnaissent aucun lien de parenté entre le père et le fils : ils ne considèrent comme leurs parents que les parents de leur mère, et prennent à leur naissance le nom de cette dernière. Aux îles Carolines [6], chez les Karens [7], chez les Singalais de

[1] *Tylor*, Researches in Early history of Mankind, London 1870, I, ch. x.—*Eyre*, Discoveries in Australia, II, 330.

[2] *De Freycinet*, Voyage autour du monde, 1817-1820.

[3] *Erskine*, Islands of the Western Pacific, 153-215.

[4] *Mariner*, Voyage aux îles des Amis ou Tonga, II, 165. Paris, 1819. — *Erskine*, l. c. London, 1853. Ces insulaires passent en ce moment de la parenté par les femmes à la parenté par les mâles.

[5] *M'Lennan*, On prim. Marr. 114, 125, 210. — *De Varigny*, 14 ans aux îles Sandwich, p. 14. Paris, 1874.

[6] *De Freycinet*, ibid.

[7] Population entre le Birman et Siam, qui paraît s'étendre jusqu'aux confins de la Chine. Leurs tribus sont (comme celles des Touareg en Afrique) divisées en deux classes, des Sgaus (ou Pah-tee) et des Pwos (ou Mo-tee), c'est-à-dire celles qui suivent la filiation paternelle et celles qui ne reconnaissent que la généalogie maternelle. — Les natifs

Ceylan[1], aux îles Maldives[2], chez les Naïrs de la côte du Malabar[3], chez plusieurs des populations primitives de l'Inde telles que les Kasias et les Kocchs, et enfin chez les Cosaques Zaporogues[4], la parenté et la généalogie se déterminent également *par les femmes*.

de la province de Keang-se sont célèbres parmi les autres provinces chinoises par la façon et la formule qu'ils emploient lorsqu'ils s'adressent à l'un de leurs compatriotes — Laon-Peaon — qu'on ne peut traduire qu'au moyen de la périphrase suivante : « ô toi, mon frère, d'après quelque ramification de parenté par les femmes. » Robert Hart, cité par Morgan, p. 425, 442 ; Systems of consanguinity. Washington, 1871 ; Smiths. Contrib., vol. XVII.

[1] Asiatic Researches, or Tr. of the Soc. Bengal. London, 1801, vol. VII, p. 420.

[2] D'après *Picard*, cité par Duveyrier, les Touâreg du Nord, p. 394.

[3] Fr. *Buchanan*, A Journey from Madras, through the countries of Mysore, Canara and Malabar. London, 1807, II, 412. — Alex. *Hamilton*, A new account of the East Indies, 2 vol. London, 1744. *Forbes*, Oriental Memoirs, 4 vol. London, 1813. — Sir W. *Elliott*, Trans. Ethn. Soc , 1869, p. 119. — *Latham*, Descriptive Ethnology, II, 463. — *Mac Lennan*, l. c. 213.

[4] Ibid. *M'Lennan*, 213 et 189.

Le même usage prévaut dans la majorité des tribus indiennes de l'Amérique du Nord : la naissance maternelle règle le nom, la filiation, la consanguinité et les droits de succession des individus — les enfants appartiennent, non à la tribu de leur père, mais à celle de leur mère[1].

[1] *Carver*, Voyage dans l'Amér. sept., trad. de l'anglais. Paris, 1784, p. 285. « Les enfants portent toujours le nom de leur mère. » — *Journal étranger*. Paris, 1762, p. 143. « Les enfants chez les Iroquois tiennent tout du côté ma- « ternel, tant pour la famille que pour les héritages et le « nom : la sœur de la mère est également appelée *mère*, « et le frère de la mère est le seul oncle. » — *Lowson*, Hist. of Carolina, p. 185 (dans les mémoires de John Tanner). — *Bossu*, Nouv. voy. aux Indes Occid. Paris, 1768, II, 21. — *Charlevoix*, Hist. et Descript. de la nouvelle France. Paris, 1744. — *Schoolcraft*, Hist. and stat. informations respecting the history, conditions and prospects of the indian tribes of the United States. Philadelphie, 1851, 3 vol. — *Waitz*, Anthropologie der Naturvœlker, III. Theil, Die Amerikaner. Leipzig, 1862. — *Holmberg*, Skizzen über die Vœlker des russischen Amerika, p. 33. Helsingfors, 1855. (Chez les Tlinkithes de l'Amér. Russe les

Plusieurs nations indiennes ont aujourd'hui adopté le système de la filiation par les mâles, et chez elles le fils succède à son père; mais les écrivains qui ont étudié la constitution des tribus Peaux-Rouges s'accordent à constater que cet usage est une innovation de date relativement récente, et que la transmission des liens du sang par les femmes a jadis été universelle parmi toutes les populations aborigènes de l'Amérique [1]. Chez les Arawaks de l'Amérique du Sud, le rang et la généalogie sont indiqués par la naissance maternelle, et cette généalogie est conservée avec le plus grand soin pour éviter les unions incestueuses; car, d'après les mœurs du pays, les membres

riches seuls donnent un nom paternel à l'enfant; la masse de la population porte le nom maternel.) — Descript. of the natives of King George's Sound, Swan River Colony, Roy. Geog. Soc., I, 37. — *Müller*, Geschichte der Amer. Urreligionen, p. 167, 539; sur Haïti et le Mexique.

[1] Voy. en ce sens, *Morgan*, Smiths. Contrib., XVII, p. 140.

d'une même famille ne peuvent se marier entre eux [1].

Cette parenté par les femmes paraît avoir été en usage dans l'antiquité chez les Ibères [2], et suivant toute vraisemblance chez la plupart des populations primitives de l'Asie Mineure [3]. Hérodote mentionne comme un fait contemporain l'existence, chez les Lyciens, de cette famille reposant uniquement sur la descendance féminine [4].

« Chez les Lyciens, dit-il, existe une loi sin-
« gulière : ils prennent le nom de leur mère, et
« non pas celui de leur père. Si l'on demande

[1] Notice of the Indians... of British Guinea, Roy. Geog. Soc., vol. II.

[2] Voyez plus loin, chap. IV.

[3] Voyez d'*Eckstein*, Rev. Archéol. 1858, p. 453. Les Cares de l'antiquité. M. Mac Lennan suppose qu'elle a été pratiquée par les Phéniciens, l. c. p. 220 (Achilles Tatius, lib. I). — Il la signale également chez les Celtes, l. c., p. 127.

[4] *Hérod.* I, 173. Cf. *Bachofen*, Das Lykische Volk und seine Bedeutung für die Entwicklung des Alterthums. Freiburg, 1862.

« à un Lycien à quelle famille il appartient, il « indiquera la généalogie de sa mère et des « aïeules de sa mère; si une femme libre vient à « s'unir avec un esclave, les enfants sont consi« dérés comme de sang noble; mais si, au con« traire, un citoyen, même du rang le plus illus« tre, prend pour femme une concubine ou une « étrangère, les enfants sont exclus des hon« neurs. » Nicolas de Damas [1] confirme le témoignage d'Hérodote en ces termes : « Les Lyciens rendent plus d'honneurs aux femmes qu'aux hommes ; ils portent le nom de leur mère, et laissent leur héritage aux filles, non à leurs fils. »

Les Locriens, d'après Polybe, auraient également à l'origine de leur colonie suivi la généalogie maternelle, et la noblesse chez eux n'aurait été transmise que par les femmes [2].

[1] *Nic. de Damas* (Müller, Fr. hist. græc., V, 461).

[2] *Polyb.* 12, V. Voyez son passage sur les cent maisons nobles. Voyez encore le fragment du livre XII du même auteur découvert par Angelo Mai dans un manuscrit du Vatican : «... et — pour effacer la honte de la descendance

Enfin, chez les Étrusques, certains indices permettent de supposer que ce peuple énigmatique suivit un système de famille de même nature. La mention du nom de la mère paraît former la partie la plus importante des indications généalogiques : dans les inscriptions funéraires des Étrusques, certaines d'entre elles, quoiqu'en langue latine et datant de l'époque romaine, nomment tantôt la mère avec son enfant, sans mention du père (exemple : Lars Caius, fils de Caulia ; Thania, fille de Sadnal ou Sudernia) ; tantôt la mère seule, pendant que le nom propre de cet enfant est entièrement passé sous silence ; le tombeau porte en ce cas cette inscription laconique : « fruit d'une telle » (Perrica gnatus, né de Perrica), comme

« paternelle — ils nommèrent leur ville d'après les femmes, et établirent la parenté par les femmes ; de plus ils « renouvelèrent l'amitié et les liens de sympathie avec leurs « ancêtres du côté féminin. » Polybii Excerpta, p. 384, Historicorum græc. fragmenta. Rome, 1827 (Scriptorum Veterum nova collectio). Cf. *Bachofen*, Mutterr., p. 309.

si la désignation personnelle du défunt n'offrait aucun intérêt à être conservée.

Sur d'autres inscriptions bilingues, le texte étrusque contient uniquement le nom de la mère, tandis qu'en regard la version latine ajoute de son chef celui du père; parfois encore, le nom du père semblait aux graveurs toscans suffisamment indiqué par une simple initiale, tandis qu'ils écrivaient toujours en entier celui de la mère (exemple : Q. Trebonius C. F. Caicinia natus) [1].

L'Égypte ancienne nous offre encore quelques vestiges de cette parenté par les femmes.

Sur les monuments qui nous restent de l'époque grecque et romaine « les filiations sont plus ordinairement exprimées par les noms de la mère que par ceux du père [2]. » Et certaines

[1] *Bachofen*, « Die Sage von Tanaquil, » eine Untersuchung über den Orientalismus in Rom und in Italien (appendice). Heidelberg, 1870.

[2] *Champollion-Fijeac*, Égypt. anc., p. 41 ; M. F. *Chabas*, dans un article de la Revue Archéol., 1857, à propos

inscriptions hiéroglyphiques ne contiennent pas le nom du père que l'on retrouve au contraire dans l'inscription grecque [1]. Les inscriptions funéraires portent fréquemment le nom de la mère sans indication du père; dans le cas où ce dernier est mentionné avec celui de sa femme, il n'est pas rare de le voir précédé du nom de la mère du mari [2].

Ailleurs, certaines inscriptions afférentes à l'histoire politique de la vallée du Nil parais-

d'un «Hymne à Osiris,» dit que «*suivant l'usage égyptien* «*le nom de la mère est seul mentionné.*»

[1] *Champollion-Fijeac*, Notice sur une momie du musée de Turin, Bulletin de Férussac, p. 177. «L'inscription hiéroglyphique ne contient pas le nom du père qui est dans l'inscription grecque, mais elle porte celui de la mère Tekoni ou Takoni, suivant l'usage plus général des Égyptiens.»

[2] A en juger par certains papyrus, le vieux droit national égyptien semblerait avoir exigé dans les actes publics la mention du nom de la mère aussi bien que de celui du père, et des aïeux des deux lignes. *Bachofen*, Mutterr., 401, sur le papyrus I, de Turin, relatif au procès d'Hermias contre Horus.

sent attacher une importance particulière à la descendance par les femmes. Ainsi, dans une stèle d'intronisation trouvée au Djebel-Barkal, dans les ruines du grand temple de Napata, par M. Mariette [1], le monarque justifie son élévation au trône en indiquant sa généalogie utérine et en nommant les mères de sa mère jusqu'au sixième degré. Le dieu, qui sur la stèle présente au peuple le personnage qu'il a choisi pour roi, le désigne en ces termes :

[1] Revue Archéol., mai 1873, art. de G. Maspero. — Les cartouches du roi qui fit élever ce monument de son intronisation, et le nom de ses aïeules maternelles ont été martelés et effacés avec soin. Le roi de la stèle en question appartiendrait, d'après M. Mariette, à la XXVIme dynastie ; la langue de la stèle est purement égyptienne. — Cette stèle contient le procès verbal d'une de ces élections de rois dont parle Diodore (III, 5), par les prêtres éthiopiens. « Les prêtres éthiopiens choisissent d'abord les membres les plus distingués de leur ordre, puis, dans une fête célébrée d'après certains rites, celui de ces prétendants que saisit le dieu dont on promène l'image est proclamé Roi par la foule. »

— « Voici celui qui est le Roi, votre maître qui vous vivifie...

— « Son père, c'est mon fils, le fils du Soleil (...) Véridique;

— « *Sa mère*, c'est la Sœur Royale, Mère royale, Régente de Kûsh, fille du Soleil (...) Vivante à jamais;

— « *Dont la mère* est la Sœur Royale, divine adoratrice d'Ammon-Râ, roi des dieux de Thèbes (...) Véridique;

— « *Dont la mère* est la Sœur Royale (...) Véridique;

— « *Dont la mère* est la Sœur Royale (...) Véridique;

— « *Dont la mère* est la Sœur Royale (...) Véridique;

— « *Dont la mère* est la Sœur Royale (...) Véridique;

— « *Dont la mère* est la Sœur Royale Régente de Kûsh (...) Véridique;

— « Lui, c'est votre maître, etc., etc. »

Il serait cependant impossible d'affirmer que le principe de la parenté utérine ait exclusivement régné en Égypte à un moment quelconque de son histoire; car, dans les inscriptions hiéroglyphiques des temps anciens, les nomenclatures de parenté paraissent uniquement reposer sur la filiation masculine. Nous reviendrons plus loin sur cette question intéressante : pour le moment, nous nous bornons à signaler dans l'ancienne vallée du Nil certains traits d'un système de famille, qui n'a peut-être été pratiqué que par quelques castes de la nation ou par certains groupes de la population de race éthiopienne; système que l'on a observé jusqu'à une époque récente chez les Bega — ancêtres des Bischari actuels et descendants directs des Éthiopiens de Meroe [1] — ces populations ne comptaient pas leur généalogie par les hommes, mais par les femmes, et l'héritage se transmettait non pas au fils mais à la fille

[1] *Lepsius*, Ægyptische Briefe, s. 181.

du défunt, ou à défaut à l'enfant de sa sœur.

Cette constitution de la famille par les femmes, qui semble avoir jadis été fort répandue chez les anciens Éthiopiens, se retrouve de nos jours aux confins mêmes de l'Égypte, chez les Bazes et Barea, peuplades qui occupent les territoires entre la haute Égypte et l'Abyssinie : chez elles la famille est entièrement fondée sur la parenté maternelle[1].

La famille utérine s'observe encore à notre époque en diverses régions de l'Afrique : parmi les populations indigènes de cette contrée, la filiation et le rang d'un homme sont le plus ordinairement fixés par sa naissance maternelle.

Au Sénégal[2], au Loango, au Congo[3], chez

[1] *W. Munzinger*, Ostafrikanische Studien, p. 490. Schaffhausen, 1864.

[2] *Degrandeprè*, Voyage sur la côte occid. d'Afrique en 1786 et 1787.

[3] *Dapper*, Descript. de l'Afrique. Amsterdam, 1686, p. 329.

les Hererò [1], chez les Caffres [2] et à Madagascar [3], la parenté n'est établie que par les femmes et d'après la généalogie utérine.

Sur toute la côte de Guinée, les enfants suivent la condition de la mère : « si la fille d'un « roi épouse un esclave, les enfants sont libres; « si le fils d'un roi épouse une esclave, les en- « fants sont esclaves [4]. » Des traces de ce système de parenté par les femmes se retrouvent sur divers points de l'Afrique [5], entre autres chez les Ashantis, Aguapim [6], les Commis [7], les Banyai au sud du Zambèse [8].

[1] *Josaphat Hahn*, Das Land der Ova-hererò, Zeitschrift der Gesellschaft für Erdkunde, 3ter Band, 1868.

[2] *D'Alberti*, Collection Walckenaer, XXI, p. 264. Paris, 1842.

[3] *Noël*, Bulletin de la Soc. de Géog. de Paris, XX, 2me série, p. 297.

[4] *Bosman*, Voy. en Guinée, p. 197. Utrecht, 1705.

[5] *Reade*'s, Savage Africa, p. 43, cité par Mac Lennan, Primitive Marriage. Edingburgh, 1865, p. 214.

[6] *Mac Lennan*, Prim. Marr., 214.

[7] *Du Chaillu*, Afrique équatoriale, 1863.

[8] *Livingstone's* travels, 617-622.

Chez les Touâreg, l'enfant suit le sang de sa mère; le fils d'un père esclave ou serf et d'une femme noble est noble; le fils d'un père noble et d'une femme esclave est esclave. Certaines de leurs tribus ont depuis l'introduction de l'islamisme, et exceptionnellement, adopté la succession paternelle : elles s'appellent Ebnâ-Sid (fils de leur père) pour se distinguer de celles qui, fidèles à l'ancien droit de famille, se nomment Beni-Oummïa ou fils de leur mère [1]. Généralement parmi les tribus berbères, la mère seule donne la noblesse, quel que soit le rang du père : chez les Touâreg comme à Madagascar règne un adage populaire qui exprime énergiquement les idées d'après lesquelles se règle en ces contrées le droit civil : « le ventre teint l'enfant. »

Ainsi donc en résumé — la généalogie chez de nombreuses populations se transmet unique-

[1] *H. Duveyrier*, Les Touâreg du Nord. Paris, 1864, p. 337, 393.

ment par les femmes et la parenté ne s'établit qu'unilatéralement — du côté maternel.

Ce fait surprenant mérite notre attention. Et d'abord est-il bien constaté? Nous n'hésitons pas à répondre affirmativement. Observée directement par des témoins aussi nombreux que peu crédules, l'existence de cette famille utérine ne saurait être mise en question pour la plupart des peuples que nous venons de passer en revue. Elle a été signalée dans l'antiquité par quelques auteurs grecs, dans le moyen âge par les écrivains arabes, et depuis le XVIme siècle jusqu'à nos jours par les multiples rclations de voyageurs européens, dont les renseignements précis, toujours indépendants les uns des autres, se confirment mutuellement. La déposition de ces témoins oculaires ne saurait d'ailleurs être suspecte. D'Hérodote à Munzinger, voyageurs anciens, explorateurs modernes, tous ont employé le même vocabulaire d'exclamations, témoignant de leur surprise à la découverte inattendue d'une semblable institution. Leur étonnement, l'absence de tout système *à priori* ou de thèse à défendre, leurs tentatives d'interprétation le plus souvent infructueuses, sont pour nous un précieux garant de la fidélité de leurs rapports.

La plupart d'entre eux, limités à un champ d'observation relativement restreint, ont ignoré que la « singularité locale » qui les frappait se répétait dans les temps et les lieux les plus divers, et n'ont nullement cherché à généraliser cette « anomalie accidentelle. » Le plus souvent l'observateur, après avoir enregistré dans ses notes ce phénomène inexplicable, passait outre, ainsi que ferait un naturaliste à la vue d'un débris fossile de forme insolite ne rentrant dans aucune classification connue. La critique la plus défiante est donc autorisée à accorder au témoignage désintéressé de ces écrivains la valeur d'un document scientifique.

§ 2.

Conséquences directes et immédiates de la constitution des parentés par les femmes.

Ce principe organique de la parenté par les femmes, on le comprend sans peine, entraîne à sa suite d'importantes conséquences dans la famille et vient modifier profondément le droit civil et politique des peuples qui le suivent. Il affecte en premier lieu de la façon la plus directe le droit de succession aux biens dans la communauté de parents.

Dans presque toutes les contrées où règne la parenté par les femmes, les titres, les droits et les biens ne s'héritent que par la ligne féminine; la succession passe le plus ordinairement au *fils de la sœur* du défunt, non à son fils direct.

En Afrique le fils recueille généralement les biens de sa famille maternelle, et n'hérite le plus souvent que des armes de son père. A défaut de l'aîné, ce sont les enfants de la *même mère* qui succèdent; s'il n'en reste aucun, le plus proche parent *maternel* du défunt est appelé à prendre l'héritage.

Cet ordre de succession en ligne indirecte par le neveu utérin, déjà signalé par les écrivains grecs [1] et arabes [2] chez les Nubiens, Libyens et autres populations confondues sous le

[1] *Hérod.*, 3, 20; *Strabon*, 17, 822; *Nic. de Damas*, R. hist. gr., 3, 463.

[2] *Abou-Selah* (cité par Quatremère, p. 32, Mém. géog. sur l'Égypte et sur quelques contrées voisines, Paris, 1811).

Ibn-Batuta (Voy. dans le Soudan, trad. par de Slane, Journ. asiat., mars 1843, p. 181 sq.) ne cache pas son étonnement de voir chez les Messoufa « des gens qui cependant suivent la religion du Coran » les enfants se nommer d'après leur oncle maternel, et non d'après leur père, et hériter du frère de leur mère.

Cf. également *Burckhardt*, sur les Nubiens, Voyage en Nubie, p. 536, London, 1819.

nom générique d'Éthiopiens, a été observé jusqu'à nos jours dans la plus grande partie des contrées de l'Afrique, habitées par des peuples nègres [1].

Malgré les modifications introduites dans le droit de famille des indigènes, soit par la propagande et la conquête musulmanes, soit par l'influence des établissements européens, il existe encore dans l'ancienne Nubie, le Soudan, la Négritie proprement dite, sur la côte de Guinée [2], dans la région des lacs de l'Afrique

[1] « Ces lois de succession sont observées dans la plus « grande partie des contrées de l'Afrique habitées par des « peuples nègres. » Abbé *Proyart*, Hist. du Loango, p. 95, Paris, 1776. — Voyez également Collect. des Voy. Walckenaer, t. XIV, p. 359.

[2] *G. Bosman*, Voy. de Guinée, Utrecht, 1703, p. 207.

Smith, Voy. to Guinea, p. 140 ; *Astley*, Collection of voy. II, 63, 256.

Pinkerton, Voy. vol. XV, 417, 421, 528, vol. XVI, 331.

Hist. générale des Voyages, Paris, 1747, p. 118 et suiv., en particulier les relations de Bosman, qui s'est informé avec soin de tout ce qui regarde la succession des biens orientale[1], dans celle du Zambèze, chez les Bassoutos et un grand nombre de tribus berbères[2]. Parmi les Touâreg[3], les Hererò[4] et les Hovas de Madagascar[5], *le fils de la sœur* hérite non-seulement des biens privés, mais en outre des dignités politiques (sheik ou sultan), et parfois des fonctions sacerdotales.

Chez les Bazes et Barea les enfants propres du père et de la mère sont exclus de l'hérédité.

parmi les Nègres. Le voyageur Smith, qui parcourut les contrées de l'Afrique occidentale après Bosman, remarqua que beaucoup d'altérations s'étaient produites dans le droit de famille des peuplades nègres qui vivaient sous le gouvernement des Européens.

[1] *Burton*, Voy. aux Grands lacs de l'Afrique orientale, p. 37, 378.

[2] *Richardson*, Travels in the great desert of Sahara, Lond. 1848. II, 65.

[3] *H. Duveyrier*, Les Touâreg du Nord, p. 397.

[4] *J. Hahn*, Das Land der Ovahererò, Zeitschrift der Gesellschaft für Erdkunde, 3ter Band, 1868.

[5] *Guillain*, Documents sur l'hist. de Madagascar, Paris, 1845, chap. VI.

La coutume appelle en première ligne à la succession :

1° le frère de la même mère ;

2° le fils aîné de la sœur aînée ;

3° le second fils de la sœur aînée, et ainsi de suite ;

4° le fils de la plus jeune sœur ;

5° la sœur du défunt ;

6° les nièces de cette sœur [1].

Les biens passent donc en ligne indirecte et exclusivement, aux frères et aux sœurs, ainsi qu'à leurs descendants, du côté féminin. Le même principe de famille est logiquement suivi chez ces peuples en ce qui concerne la vengeance (la *vendetta*) ; celle-ci est une obligation qui découle du fait de la parenté maternelle, et qui incombe, non pas aux fils du

[1] C'est du moins ainsi que nous pensons devoir traduire l'expression « *ihr Schwesterkind* » qu'emploie Munzinger. Dans les dialectes de la Suisse allemande c'est le sens dans lequel on le prend ordinairement. *Munzinger*, Ostafr. Stud., p. 490.

défunt, mais à ses neveux du côté de sa sœur. Si une femme vient à être tuée, le droit de la venger appartient en premier lieu à ses enfants, à leur défaut à son frère utérin, et en dernière instance au fils de sa sœur, mais jamais à son mari, à moins que le meurtre n'ait eu lieu en sa présence.

Cette succession en voie indirecte — par la ligne féminine — a été constatée chez les Battas de Sumatra[1], sur certaines îles du Pacifique[2], chez les Tlinkithes[3], les Kenayes ou Tnaima

[1] *Marsden*, History of Sumatra, p. 376. — Asiatic Researches of Bengal, l. c. p. 204.

[2] Aux îles Tonga et Fidji, le neveu utérin en vertu d'un usage connu sous le nom de « Vasu, » jouit du droit d'hériter de son oncle du vivant même de ce dernier et de s'approprier parmi ses biens tout ce qui lui plaît. Ceci paraît cependant une exception, car en général dans la famille constituée sur le principe maternel, le neveu n'hérite qu'après la mort de son oncle et celui-ci possède sur le fils de sa sœur un pouvoir despotique (Jackson's narrative, p. 448).

[3] *Holmberg*, Skizzen über die Vœlker des Russ. Amerika, Helsingfors, 1855, p. 39.

de l'Amérique russe[1], et paraît avoir été d'un usage général chez les indigènes du Nouveau Monde avant les conquêtes espagnoles, en particulier au Mexique et au Pérou[2] : parmi la plupart des tribus indiennes de l'Amérique du Nord, c'est encore le neveu ou le frère maternel du défunt qui succède[3].

Chez les Peaux-Rouges les titres et les biens ne s'héritent que par la ligne féminine ; la ligne masculine est régulièrement hors de concours et déshéritée. Un fils par exemple ne peut succéder au titre de Sachem de son père (ni même souvent hériter de son tomahawk), car le titre

[1] Contre-amiral *de Wrangell*, Étude ethnogr. sur les popul. de l'Amérique russe, Pétersbourg, 1839.

[2] *Lafitau*, l. c. I, p. 80.

[3] *Lafitau*, ibid *Charlevoix*, Hist. et descr. de la Nouv. France, vol. V, p. 395, Paris, 1744.

Sagard Theodat, Hist. du Canada et voyage des frères-mineurs Récollets au commencement du XVIIme siècle. I, 319, Paris, 1866.

Morgan, Smiths. Contrib. to Knowl., vol. XVII, Wasgington, 1871.

doit toujours rester dans la tribu de celui qui le portait et le fils est compris parmi les membres de la tribu de sa mère. Le titre passe donc au frère ou au fils de la sœur du chef. « Chez « ces peuples, écrivait au siècle dernier le sa- « vant jésuite Lafitau[1], les mariages se font « de telle manière que l'époux et l'épouse ne « sortent point de leur famille, pour fonder « une famille et une cabane à part. Chacun « reste chez soi, et les enfants qui naissent de « ces mariages appartiennent aux femmes qui « les ont engendrés, sont censés de la famille « et de la cabane de la mère et non point de « celle du mari. Les biens du mari ne vont pas « à la cabane de sa femme à laquelle il est lui- « même étranger; et dans la cabane de sa « femme les filles sont héritières par préfé- « rence aux mâles qui n'y ont jamais que leur « subsistance..... Les Hurons, les Iroquois

[1] *P. Lafitau*, Mœurs des sauvages américains, p. 69 et suiv., t. I, Paris, 1721.

« prennent le nom de leur mère, comme c'est « par elle qu'ils comptent leur généalogie et « leurs titres de noblesse.... Les hommes sont « isolés et bornés à eux-mêmes; leurs enfants « leur sont étrangers; avec eux tout périt; une « femme seule relève la cabane; mais s'il n'y « a que des hommes dans cette cabane, en « quelque nombre qu'ils soient, quelque nom- « bre d'enfants qu'ils aient, leur famille s'é- « teint.... Ceci paraîtra sans doute extraordi- « naire à ceux qui, ayant lu les relations des « voyageurs, y auront vu que les hommes seuls « parmi les sauvages y sont proprement libres « et que les femmes ne sont que leurs esclaves. « Rien n'est cependant plus réel que cette su- « périorité des femmes. C'est dans les femmes « que consiste véritablement la nation, la no- « blesse du sang, l'arbre généalogique, l'ordre « des générations et de la conservation des fa- « milles. »

Le droit de famille de la population indigène du Malabar offre des traits non moins accusés. Chez les Naïrs — la haute caste de cette population — la parenté paternelle, les droits de la paternité sont complétement ignorés : aucun Naïr ne connaît son père. Le mariage est pratiqué chez eux sous la forme de la polyandrie : la femme a droit d'épouser jusqu'à douze maris, quoiqu'elle se contente généralement de cinq ou six. Chacun d'eux cohabite avec elle, à tour de rôle, pendant une dizaine de jours, et Forbes[1] a remarqué que tous ces maris vivaient en parfaite intelligence : rarement ces ménages sont troublés par des querelles ; d'ailleurs, un Naïr peut faire partie de plusieurs combinaisons matrimoniales.

La femme, même après son mariage, continue à résider dans sa propre famille, avec sa mère et ses frères ; ceux-ci vivent ordinairement sous le même toit gouvernés par la mère ou par la sœur aînée : si l'un d'eux, pour une raison

[1] *Forbes*, Oriental Memoirs, vol. I, p. 385, 4 vol. Lond. 1813.

quelconque, se sépare et va vivre à part, il est toujours accompagné de sa sœur favorite. Aussi, chez les Naïrs, un homme considère-t-il les enfants de sa sœur comme les siens propres; ces derniers lui sont d'ailleurs le plus souvent totalement inconnus. Quant à ses neveux utérins, ils vivent et grandissent depuis leur plus tendre enfance auprès de lui — leurs rapports mutuels d'affection sont ceux du père et du fils dans nos sociétés — et enfin la loi elle-même, issue de ces mœurs, vient confirmer ces rapports étroits : elle constitue les enfants de la sœur les seuls héritiers de cet homme. Le père, même dans les familles royales, ne peut laisser aux enfants, qu'il suppose siens, que sa propriété mobilière; tout le reste revient de droit aux enfants de sa sœur : la propriété foncière, c'est-à-dire la plus importante, se transmet par les femmes seulement, et ne sort pas du clan maternel. Ces institutions de famille se sont maintenues intactes chez les peuples du Malabar, jusqu'à l'invasion d'Hyder-Ally, en

1766[1],— en opposition victorieuse avec les lois religieuses et matrimoniales du Brahmanisme.

Ce même droit successoral se retrouve chez les races les plus anciennes, et l'on pourrait, en le suivant à la trace, faire le tour du globe. Il est en vigueur parmi les populations indigènes de l'Inde[2], telles que les Cossyahs[3], les Kasias des Pandua Hills[4], les Kocchs et les Garos[5]. Une antique légende du Maha-Bha-

[1] *Alex. Hamilton*, A New Account of the East Indies, 2 vol. Lond. 1744, vol. I, p. 310.

Fr. Buchanan, A Journey from Madras through the countries of Mysore, Canara and Malabar, 3 vol. in-4, Lond. 1807, vol. II, p. 411.

Sir *W. Eliott*, Trans. Ethn. Soc. 1869, p. 119.

Latham, Descriptive Ethnology, II, 463.

P. *Paulin de St-Barthélemy*, missionnaire, trad. de l'italien, Paris, 1808, 3 vol., II, 36 et suiv.

[2] Account of the Jains (sud-ouest de l'Hindoustan), Asiatic Researches of Bengal, vol. IX, p. 279, Calcutta, 1807.

[3] Tr. of the Roy. Geog. Soc. 1832, vol. II, p. 94.

[4] Asiatic Researches of Bengal, 1828, vol. XVI, p. 501 (by Walters).

[5] *Benfey*, Encyclop. Ersch und Gruber, p. 342 (Indien). Leipzig, 1840.

rata[1] laisserait même supposer qu'il a prévalu parmi les populations vaincues par les Aryâs dans l'Inde.

Parmi les peuples qui pratiquent ce singu-

[1] Le *Maha-Bharata*, trad. Fauche, I, p. 220, Paris, 1863. Dans cette légende, dont le héros Astîka forme le sujet principal, le roi du peuple des Nâgas, Vâsouki, désireux d'avoir un *héritier* et un défenseur, ne songe pas à se marier, mais cherche un époux pour sa *sœur* la belle Djaratkârou : les dieux lui envoient dans ce but un saint personnage, qui porte le même nom que cette femme, Djaratkârou. Vâsouki l'accepte et lui donne sa sœur, mariage absolument contrairé aux lois brahmaniques qui interdisent formellement toute union entre personnes du même gotram. Le lendemain de la célébration du mariage, Djaratkârou sort du palais de son beau-frère, se retire dans les bois, et disparaît à tout jamais de la scène. Neuf mois après le départ de ce mari éphémère, la sœur du roi met au monde le héros Astîka ; celui-ci élevé dans le palais de son oncle maternel comme un véritable fils, ignore pendant toute sa jeunesse le nom de son père, et, parvenu à l'âge d'homme, devient le successeur légitime du chef de la communauté ; c'est en qualité officielle de représentant de toute sa *gens materna*, que le poëme indien montre ce fils-neveu obtenant la paix d'un roi ennemi qui persécute le peuple des Nâgas.

lier droit successoral, les rapports si naturels à nos yeux entre père et fils n'existent pas, et souvent lorsqu'ils se manifestent, ce n'est que pour revêtir un caractère d'hostilité. Les intérêts, les affections de l'enfant s'établissent entièrement du côté maternel, — la famille, en un mot, telle que nous la comprenons, est non-seulement diminuée de moitié par lacune de tout le côté paternel, mais encore la physionomie de toute une société est transformée de fond en comble.

En Australie, lorsqu'une guerre éclate entre deux peuplades, elle est dans chaque tribu le signal du départ d'un grand nombre de jeunes gens qui vont rejoindre la tribu de leurs parents maternels, de sorte qu'il n'est pas rare de voir le père et le fils dans des camps opposés, situation qui d'ailleurs ne blesse nullement le sentiment des indigènes, puisque, d'après leurs lois, le fils n'a aucune parenté avec son père.

Le trait distinctif de cette famille par les femmes, c'est d'être *sans père*. L'oncle y exerce souvent l'autorité du patriarche; le mari n'a qu'une fonction : *procréer*. Il n'est qu'un amant légal, parfois même un simple esclave, et lorsqu'il entre dans la maison de sa femme, c'est autant pour servir que pour épouser.

La famille maternelle ne se perpétue donc que par les femmes. C'est une prolongation effective du cordon ombilical[1] de femme en femme. Le nom des mères descend seul le cours des générations; le père n'est qu'un personnage épisodique qui ne transmet pas le sien[2].

[1] Le cordon ombilical lui-même jouit d'un tel respect chez quelques peuples que les Fidjiens l'enterrent en cérémonie, et que dans les pays d'Uganda et d'Ungoro en Afrique, on le décore de perles, ou bien on le conserve pendant toute la vie de l'individu, et à sa mort on l'ensevelit avec lui (Voyage de Speke aux sources du Nil).

[2] En certaines contrées même, comme à Sumatra, l'époux à la naissance de son fils perd son nom, qui tombe dans l'oubli, pour prendre celui du nouveau-né: il se nomme à partir de ce jour, père d'un tel; sa personnalité est absorbée par celle du fils de sa femme.

§ 3.

A quelles causes attribuer l'institution de la parenté par les femmes.

« Ma mère m'a dit que j'étais fils
« d'Ulysse, mais moi je l'ignore.... »
ODYSS. I, 215.

Cette organisation de la famille, absolument contraire à l'ordre patriarcal que nous nous figurons à la base de toute société barbare, se reproduit, dans ses traits essentiels, sur une surface si vaste du globe et chez des populations si distinctes, qu'elle ne saurait devoir son origine à des causes accidentelles ou diverses : notre esprit réclame une explication générale de phénomènes identiques.

Quelles sont donc les causes qui ont pu ériger cette institution de la parenté par les femmes en une loi organique parmi tant de populations ?

Le motif déterminant, signalé par plusieurs voyageurs, comme la cause immédiate de cette forme de famille, c'est l'incertitude de la paternité.

Et si nous prenons pour exemple la famille des Naïrs du Malabar, nous n'éprouverons en effet aucune difficulté à admettre que telle est la raison qui rend chez eux obligatoire la transmission de l'état civil des individus par la naissance maternelle; dans une semblable société conjugale, où l'enfant ne peut connaître son père, il doit nécessairement se rattacher à la mère.

Mais comment expliquer l'organisation des parentés d'après la naissance utérine parmi certaines populations au sein desquelles existent des mœurs sévères et où règne le mariage avec un seul homme, c'est-à-dire avec certitude de la paternité?

Doit-on supposer que les mœurs matrimoniales chez ces peuples ne se sont améliorées que depuis une période relativement récente, et que leurs institutions juridiques de famille, moins promptes à se réformer, datent d'une époque pendant laquelle la paternité était encore incertaine ? En ce cas, partout où nous rencontrons *la parenté par les femmes*, faut-il y reconnaître les restes d'un système archaïque de société ?

Ici, nous ne pouvons résoudre la question qu'à l'aide de conjectures. Et de toutes les hypothèses, la moins invraisemblable consiste en effet à présumer que l'institution de la parenté par les femmes a pris sa source dans une incertitude habituelle de la paternité dans les sociétés barbares.

Les premières agglomérations humaines paraissent avoir généralement vécu dans un état de profonde sauvagerie, où rien ne rappelle le séduisant tableau de l'âge d'or des poètes ; et les annales de notre espèce, étudiées sans désir d'illusion, témoignent que l'homme, avant d'atteindre une civilisation quelconque, a dû subir un long et cruel noviciat de barbarie, traverser une véritable période zoologique. L'homme des premières époques, tel que nous le représentent les investigations modernes, n'est plus cette créature favorisée de l'ère patriarcale, vivant au sein d'une paisible communauté pastorale, entouré d'épouses et d'enfants qui lui obéissent et le vénèrent. C'est un être inquiet et malheureux, sur lequel plane sans relâche la peur d'un mal inconnu; il se réunit à ceux que le hasard lui donne pour compagnons, et, sans rien posséder en propre, partage avec eux une existence constamment menacée.

Certaines hordes sauvages, observées dans les temps modernes, et d'après lesquelles on peut se représenter l'état social des hordes primitives, n'offraient aux yeux des voyageurs qu'un mélange confus d'êtres humains, dans lequel on eût cherché en vain la trace d'un organisme social quelconque. Les hommes assemblés par le hasard ou la naissance, s'y trouvaient groupés pêle-mêle, dans un état de révoltante promiscuité, ignorants de leur parenté réciproque, sans familles distinctes, sans lois, sans conscience d'eux-mêmes, vieillissant dans une éternelle enfance, et retenus en société sans autre lien que l'habitude ou la nécessité. « Ils vivent presque comme des bêtes, » écrit Dapper[1] de certaines peuplades nègres, « ils « n'ont ni lois ni religions, et ne portent pas « de nom propre, mais se distinguent entre eux « par quelque particularité ou quelque défaut « comme le Long, le Boiteux, le Caigneux, et « ainsi des autres : les femmes y sont communes « et les enfants aussi. »

Le communisme le plus absolu règne encore en quelques districts de la Nouvelle-Zélande, de l'Amérique du Sud, des îles Andaman et Nicobar.

Celui qui parcourt les territoires indiens du centre et du sud des États-Unis, rencontre fréquemment des villages qui ne sont formés que

[1] *Dapper*, Description de l'Afrique. Amsterdam, 1686, p. 223.

d'une ou deux maisons de 100 à 150 pieds de long, où vivent agglomérées 40 ou 50 familles apparentées. Les Minitarees et les Mandans habitent des loges polygonales où se casent plusieurs ménages, et les longues huttes des Indiens de la Columbia River contiennent des centaines d'individus. Certains villages indiens, comme Tumachemootool dans la vallée de la Columbia ou comme Taos (New-Mexico), sont uniquement composés d'une ou deux maisons colossales s'élevant à une hauteur de 5 à 6 étages par une série de terrasses, successivement en retrait l'une sur l'autre, et renfermant 3 à 400 personnes. Dans le cañon du Rio Chaco au nord-ouest de Santa-Fé, existe encore un groupe de sept *pueblos* ou édifices communaux en ruines, dont chacun a pu contenir sept à huit cents individus [1].

[1] *Morgan,* Smiths. Contrib. to Knowledge, vol. XVII, 254-258, 261, 262 et 488.

Ce sont des édifices de cette nature que les premiers Espagnols prirent souvent pour des palais, et qui, en réa-

Cette vie en promiscuité est-elle une décadence, une chute? rien ne l'indique; car cette dégradation ne semble pas être propre à quelques peuplades modernes des continents éloignés : les auteurs grecs anciens nous signalent fréquemment aux confins mêmes du monde alors civilisé, des tribus parmi lesquelles les femmes étaient possédées en commun, les Massagètes [1], le Nasamons [2], les Auses éthiopiens près du lac Triton [3], les Garamantes [4], les Mosynœques [5],

lité, n'étaient que de massives constructions remplies d'Indiens vivant en promiscuité. Le Mexique, le Yucatan, le Guatemala avant l'arrivée des Européens étaient occupés par de nombreux villages de ce genre. Les Indiens actuels de ces territoires sont les successeurs directs de la population indigène que découvrirent les Espagnols et dont la civilisation offrait encore, sous quelques rapports, le spectacle de la transition de la vie nomade à la vie sédentaire.

[1] *Strab.* II, 513 ; *Hérod.* I, 126.

[2] *Hér.* IV, 172.

[3] *Hér.* IV, 180.

[4] *Solinus*, 30.

[5] *Xénoph.* Anab. 5, 277.

qui scandalisèrent les soldats de Cyrus par la publicité de leurs accouplements, etc.

Sur quelque point du globe que l'on sonde les alluvions humaines, l'œil parvient à une couche sociale primitive, chaotique et informe, à une faune promisque; et l'on ne découvre aucune raison péremptoire d'affirmer que la plupart des races d'hommes n'aient pas inauguré la vie en société sous d'aussi humiliantes conditions.

Si la promiscuité n'a pas été le point de départ obligé de toutes les races, elle paraît du moins l'avoir été pour un nombre considérable d'entre elles, et le plus souvent chez les nations barbares le principe de la famille n'a pu se développer que sur un fonds primitif préalable de communisme.

Or, au sortir de l'état de confusion originaire, les premiers hommes n'eurent d'autre moyen, pour apprécier leur état civil réciproque que de recourir au fait toujours certain de leur naissance maternelle; la filiation par le père n'offrait qu'incertitude — tandis qu'au contraire l'issue du sein maternel et le lien matériel du cordon ombilical fournissaient le criterium le plus certain pour déterminer la *famille de parents*, c'est-à-dire le groupe relié par une descendance physique.

La maternité est toujours une donnée indiscutable, et la seule; la paternité au contraire, une simple fiction juridique [1]. Aussi, lorsqu'il s'est agi dans les premières communautés de déterminer la filiation et la consanguinité des individus entre eux, n'a-t-on pu y parvenir qu'en indiquant leur origine maternelle : la maternité et son naïf caractère de vérité sensible offraient une sécurité absolue pour constituer la famille,

[1] Cette opposition est nettement accentuée dans les écrits des jurisconsultes romains. La mère, disent-ils, en tout état de choses, est certaine; tandis que le père n'existe qu'autant qu'il est désigné par le mariage. Pour le Romain le droit de la mère dérive de la nature, celui du père n'est établi que par le droit civil; la fiction légale vient-elle à cesser, les enfants n'ont plus de père défini.

le cordon ombilical étant en cet ordre d'idées le seul témoignage à l'abri de toute contestation.

L'organisation de la famille par les femmes porte donc éminemment les caractères d'une loi naturelle et nécessaire, imposée au genre humain lorsqu'il chercha à sortir de l'état de promiscuité; aux époques où le mariage — c'est-à-dire l'union durable d'un seul homme avec une femme, — n'était pas encore chose possible.

A ce titre, l'institution de la parenté par les femmes est un moment de haute importance dans l'histoire du développement de notre espèce, et possède une valeur considérable au point de vue philosophique.

---

§ 4.

Sous quels traits le mariage apparaît dans les sociétés primitives.

Il a fallu sans doute épuiser de longs siècles de barbarie, avant que le genre humain ne tolérât l'appropriation exclusive d'une femme par un homme, avant que cette possession jalouse ne parût une idée naturelle et réalisable.

Au sein d'une société à l'état sauvage, aucun individu n'est en situation de vivre isolé et de posséder quoi que ce soit en propre. Tout homme, sous peine d'extinction, doit faire partie d'un groupe, dont il subit nécessairement les exigences brutales : la propriété appartient à la communauté, et lorsque, par hasard, un des membres du groupe parvient à accaparer une proie quelconque, sa possession est éminemment précaire[1]; il rencontre bientôt un rival qui lui arrache sa conquête et le dépouille sans scrupules.

Dans la plupart des tribus indiennes de l'Amérique, un homme faible ne réussit jamais à posséder une compagne : le plus fort, d'après le sentiment de ces peuplades, a le *droit* de prendre la femme du plus faible, et l'opinion publique est favorable au ravisseur[2]. Chez les Indiens Loucheux, les chefs et les prêtres possèdent seuls des femmes; la plupart des jeunes

[1] Dans la vie sauvage le mariage se présente rarement avec un caractère de continuité : les femmes passent de mains en mains, sans s'attacher, sans éveiller d'amour, sans réussir à fonder une famille.

Les premières tentatives de mariage ont été des unions temporaires : chez les Hurons, les unions ne sont souvent valables que pour quelques jours. Aux îles Andaman, la vie conjugale d'un homme et d'une femme prend fin soit à la naissance de l'enfant, soit à son sevrage : chez les Tapyres (Parthes) dont parle Strabon (II, 514) l'usage voulait qu'une femme, après avoir eu deux ou trois enfants d'un homme, changeât de mari.

[2] *Lubbock*, Orig. de la civil., p. 78.

gens en sont privés, à moins qu'ils ne consentent à prendre quelque vieille de rebut[1].

Aussi semble-t-il qu'il faille rechercher dans l'histoire du droit de propriété, la loi qui a présidé au développement du mariage; les deux institutions paraissent avoir obéi à la même formule : restriction progressive des droits de la communauté au profit d'un cercle toujours plus restreint d'individus. A l'origine, le mariage, comme la propriété, était l'affaire de toute la tribu : il comportait un grand nombre d'ayants droit. Lorsque un des membres de la communauté enlevait une fille à quelqu'autre peuplade, toute la tribu l'épousait. De nos jours même, chez certaines hordes sauvages, toute femme est encore de droit l'épouse de tous les hommes de la tribu, et celle qui essaie de résister aux droits matrimoniaux de l'un des membres, est passible d'une sévère punition[2].

[1] « Some old cast-off widow. » Report of the Smiths. Instit. 1866. Washington, 1867, p. 312.

[2] Trans. Ethn. Soc., nouvelle série, II, 35.

La notion de l'adultère n'apparaît que dans le cas d'une liaison avec un étranger. L'amiral de Wrangell[1] a remarqué chez les Indiens de la Californie supérieure, que les maris ne prenaient aucun ombrage des relations de leurs femmes avec d'autres hommes de la même tribu, et que leur susceptibilité maritale s'éveillait seulement dans le cas où l'amant appartenait à une horde voisine[2].

Le premier progrès, si l'on peut appliquer pareil nom à des états encore aussi confus, consista à restreindre le cercle où s'exerçait la promiscuité.

La femme au sein de la horde ne fut plus assignée qu'aux membres d'une même famille, comme chez les Cyrénéens nomades de l'anti-

[1] Amiral *de Wrangell*, Études ethnogr. sur les popul. de l'Amérique russe. Pétersbourg, 1839.

[2] Cette étrange appréciation de l'adultère prévalait également, d'après M. Bachofen, Mutterr. 11 à 15, chez les anciens Troglodytes africains et autres populations que les auteurs grecs nous représentent comme au plus bas degré de l'échelle humaine.

quité et certaines tribus arabes dont nous parle Strabon [1].

A dater de ce moment, la tribu entière cessa de se marier dans la personne d'un de ses membres, et la qualité d'époux fut exclusivement réservée aux hommes d'une même parenté. De nos jours encore, à Ceylan, c'est la famille qui est censée se marier [2] : c'est elle, et non tel de ses membres, qui a des enfants ; ces derniers appartiennent indistinctement à la famille entière, de même que les terres qui ne sont jamais divisées.

Il ne faut pas perdre de vue qu'à cette triste époque du développement humain, le mariage

[1] *Strabon*, 16, 783. — Mutterr. 12 *in fine*. — Mela, I, 8. — Chez les Tottiers de l'Inde (province de Maduré) les frères, les oncles, les neveux et autres proches parents ont encore le droit de jouir réciproquement de leurs femmes. Abbé *Dubois*, Mœurs, institutions et cérémonies des peuples de l'Inde, 2 vol. Paris, 1825, vol. I, p. 5.

[2] Asiatic Researches or Tr. of the Soc. Bengal., vol VI, p. 425, on the religion and manners of the people of Ceylon, by Mr Joinville, London, 1801.

ne paraît rien de plus qu'une simple forme de la propriété : il ne repose ni sur l'affection mutuelle, ni sur le consentement de la femme, mais sur la violence et la force brutale. Les ouvrages de MM. Tylor[1] et Lubbock[2] contiennent à cet égard de cruelles peintures de la vie sauvage. Lorsque les naturels de l'Australie découvrent une femme sans protecteur, ils se jettent sur elle, l'étourdissent de coups, lui font parfois de sanglantes blessures, et entraînent leur prisonnière en quelque cachette. Les parents de la femme, loin de s'offenser de ces enlèvements, se contentent d'user de représailles à la première occasion. L'union libre de deux époux, fondée sur la sympathie mutuelle, a été chose inconnue pendant l'enfance de l'espèce humaine, et d'innombrables générations ont dû se succéder avant qu'un législateur hindou pût inscrire dans ses lois la défense de « jamais

[1] Early history of Mankind.

[2] Prehistoric Times ; Origine de la civilisation.

« frapper, fût-ce avec une fleur, une femme, « même coupable. »

Le caractère scandaleux des rites nuptiaux chez de nombreuses nations barbares, témoigne que l'institution du mariage ne s'est développée que sur un fonds primitif de communisme.

Historiquement, le mariage, — c'est-à-dire l'appropriation exclusive d'une femme par un seul possesseur, — apparaît chez les races inférieures comme une infraction aux droits de la communauté, et partant, comme la violation d'une loi naturelle; de là, à le considérer comme la violation d'une loi religieuse, il n'y avait qu'un pas.

Le lecteur se rappellera sans aucun doute que la tradition populaire de l'antiquité attribuait l'*invention* du mariage à un législateur déterminé : chez les Égyptiens, c'était Ménès; chez les Grecs, Cécrops; chez les Hindous, Cwétakétou; chez les Chinois, Fohi, auxquels on rapportait l'honneur d'avoir introduit chez leur peuple cette institution auparavant inconnue. Le mariage, en effet, de même que les lois qui consacrèrent le principe de la propriété individuelle, semble s'être glissé dans les mœurs sous la forme d'une institution civile[1]; et, chose remarquable, presque toujours en opposition et en conflit avec des religions contemporaines.

L'homme n'admit pas aisément que ce fût pour la consigner entre les bras d'un seul possesseur que la nature avait répandu ses charmes sur la femme, et les religions primitives elles-

[1] Voy. cette idée développée plus loin, chap. III, §§ 2 et 4. *Fr. Buchanan* (A Journey from Madras..., etc., vol. II, p. 527. London 1807) a observé chez une tribu du sud de l'Inde, nommée Macua, près de Malayala, la coexistence de deux sortes de mariages : l'un sans rites religieux et purement civil, qui ne peut être dissous que par l'infidélité de la femme; l'autre, désigné par l'appellation de « parastri, » dans lequel mari et femme peuvent se séparer à volonté, mais où les enfants appartiennent toujours à la mère et la suivent en cas de divorce. Dans la tribu des Khyèns (habitant les monts Yùma, entre Ava et Aracan) le mariage n'y est qu'un contrat purement civil, que ne sanctifie aucune cérémonie religieuse. Asiatic Researches of Bengal, p. 265, vol. XVI, 1828.

mêmes sanctionnèrent cette idée que la nature ne souffre point de chaînes. Elles conçurent la femme sur un type analogue à celui de l'Acca Larentia des Latins, et ne lui assignèrent qu'un but : la fécondation sans limites; pareille en cela à la Grande Mère, à la Dêmêtêr, ou la Terre insatiable, dont, en fille soumise, elle devait suivre les procédés. Aussi, dans certaines doctrines religieuses, le mariage, c'est-à-dire une possession limitée, se présente-t-il comme un préjudice causé à une Divinité dont il enfreint les lois par l'exclusivisme[1].

[1] La doctrine de certains Gnostiques au commencement de notre ère a reproduit presque sans altérations ces anciennes théories de l'Orient chamitique. L'école des Carpocratiens opposait nettement le droit naturel au droit civil et condamnait la loi positive comme une violation de la loi divine. Cette loi divine, c'était l'égalité absolue de tous les êtres à laquelle l'appropriation individuelle, soit des biens, soit des femmes, formait un obstacle odieux.

Deux curieuses inscriptions du Vme et du VIme siècle, que nous a fait connaître Gesenius (de inscriptione Phœnicio-Græca in Cyrenaica nuper reperta ad Carpocratianorum

Toute entrave humaine apportée au principe de la reproduction est une offense envers cette divinité, qui peut à son gré rompre les chaînes humaines et délivrer la femme des liens de la chasteté. Cette conception, singulièrement large, s'est conservée jusqu'à nos jours dans l'Inde. Toute femme fatiguée de son mari, toute veuve lasse du célibat, peut se rendre à l'un des temples de Tulava, et offrir un sacrifice à l'idole. A partir de ce moment, elle reçoit

hæresin pertinentia, Halæ 1825) témoignent de ce honteux retour de l'esprit humain à ses origines :

I. « La communauté de tous les biens et des femmes est la source de la justice divine, la paix parfaite (la félicité suprême), pour ces hommes de bien choisis dans la foule obscure, que Zaradès et Pythagore, les meilleurs parmi les hiérophantes, réunirent pour vivre en commun. »

II. « Simon (Osiris, *litteris in angulis crucis dispositis*) le Cyrénéen. — Thôt, Cronos, Zoroastre, Pythagore, Épicure...... et nos maîtres les Cyrénéens, nous ont unanimement ordonné de ne rien posséder en propre, de résister aux lois et de combattre la violation des lois naturelles. Ceci est la source de la justice, la béatitude dans la vie en commun. » — Voy. le texte grec dans *Bach.*, Mutterr., 384.

des prêtres, vivres et vêtements, et devient libre de disposer de son corps avec tous ceux qui lui plaisent[1].

[1] *Fr. Buchanan*, Journey from Madras, through the countries of Mysore, Canara and Malabar, vol. III, p. 65, 3 vol. London 1807. Ce divorce religieux a donné naissance à une caste reconnue nommée Moylar. — Cf. avec l'Aphrodite qui délivre des liens du mariage γάμου δεσμοῖσι σαώσω. *Nonnus* 41, 335. *Bach.*, Mutterr., 137.

Dans le Mahabharata (I, 503) le rhapsode indien déclare que : « Jadis ce ne fut pas un crime d'être infidèle à son « époux : ce fut même un *devoir*...... Cette coutume est « observée de nos jours chez les Kourous du septentrion... « Les femelles de toutes les classes sont communes sur la « terre ; telles que sont les vaches, telles sont les femmes, « chacune dans sa caste... C'est Çwétakétou... qui établit « une limite pour les hommes et pour les femmes sur la « terre. »

— L'abbé *Dubois* (Mœurs, etc..., I, 154) observa avec quelque étonnement une secte religieuse de l'Inde, nommée Vira-Sriva, qui rejette encore la distinction des castes, en soutenant que le *lingam* rend tous les hommes égaux. — Les prêtresses des sectes de Siva et Vishnou (les épouses des dieux) obéissent aux mêmes préceptes religieux. Quoique d'une classe distincte des danseuses, elles les égalent cependant en dépravation.

Sous l'empire de pareils sentiments, le mariage, — ce crime qui emprisonnait la liberté des unions, — nécessita dans maintes contrées une expiation, et dut se payer au moyen d'un sacrifice momentané, quelquefois réitéré. La femme, pour se marier, fut astreinte à racheter par une période « d'hétaïrisme » les bonnes grâces de la divinité offensée. Telle est l'origine vraisemblable de ces usages plus bizarres encore que scandaleux, dont l'antiquité classique nous a conservé le souvenir, et qui blessent si profondément notre sentiment moderne. Il ne faut pas voir dans les singulières coutumes qui se rattachent aux cultes des Mylitta, Anaïtis, Aphrodite et autres déesses de la fécondité, le produit d'un simple déréglement de mœurs, mais surtout des pratiques survivant à un ancien droit religieux, qui ne disparaissait que lentement devant le nouveau principe civil du mariage.

Les nations de l'antiquité, chez lesquelles nous observons de semblables coutumes, nous offrent en effet, le plus souvent, la coexistence de deux faits qui nous paraissent devoir s'exclure : la prostitution momentanée et la sévère chasteté de la femme mariée [1].

Quoique notre sentiment révolté ait une peine extrême à comprendre la logique du monde barbare, des faits multipliés ne permettent pas de douter que les hommes des époques primitives n'aient considéré une application préalable de la femme à sa fonction naturelle, comme donnant seule à l'épouse le droit de chasteté. C'était en quelque sorte le prix et la

[1] « Et tum, cum plurimis concubuisse maximum decus, in reliquum pudicitia insignis est » écrit Mela (*Bach.*, Mutterr. 12) de certaines peuplades éthiopiennes. — C'est encore le cas chez les Barea de l'Abyssinie. *Munzinger*, II, 273.

Aux îles Andaman les jeunes filles se livrent, *avant leur mariage*, à la prostitution la plus effrénée ; mais une fois mariées, leur retenue est telle qu'elles n'ont même plus le droit de sourire à un jeune homme. Isert, dans son Voyage en Guinée, affirme que plus il y a de liberté pour les jeunes filles, qu'on exhorte même à avoir des galants, plus les femmes mariées sont tenues de mener une vie retirée.

garantie de la sévérité matrimoniale future qui, pour être tolérée, comportait une clause pénale ; au fond, un véritable tribut que l'on payait à la communauté lésée dans ses droits.

Ce tribut, une fois payé, les femmes devenaient libres d'observer une retenue exemplaire, ce qui souvent était le cas. C'est en vertu de ces idées que chez les anciens Péruviens, en Éthiopie, aux îles Baléares, et, de nos jours, chez plusieurs tribus aborigènes de l'Inde, au Birman, à Cachemir, dans le sud de l'Arabie, à Madagascar et à la Nouvelle-Zélande, la fiancée appartient de droit à tous les parents et amis — le mari est le dernier admis à cet honneur et supporte en général galamment ce « *jus primæ noctis.* »

Aussitôt qu'un certain ordre civil vint réglementer l'organisation des sociétés naissantes, ce tribut tendit tous les jours à se restreindre davantage, et l'on put bientôt satisfaire au sacrifice expiatoire au moyen d'une prestation unique. On limita le « *jus primæ noctis* » aux chefs, aux rois, aux prêtres, comme dans l'Inde, l'ancienne Abyssinie, et parmi les peuplades du Brésil et du Pérou. Les prêtres, intéressés au maintien des anciennes traditions religieuses, perpétuèrent longtemps cet usage comme une obligation sacrée, à laquelle les princes mêmes durent se soumettre. Ainsi au Malabar, lorsque le roi (ou Gamorin) se marie, le grand prêtre (Nambourie) a droit aux trois premières nuits avec la jeune reine; le roi est même obligé, suivant Forbes, de lui donner 50 pièces d'or pour le service rendu [1].

[1] *James Forbes,* Oriental Memoirs, I, 416, London, 4 vol. 1813.

Alexandre Hamilton, A new account of the East Indies, I, 310, confirme le témoignage de Forbes en ces termes : « When the Samorin marries, he must not cohabit with his bride, till the Nambourie, or chief priest, has enjoyed her, and if he pleases, may have three nights of her company, because the first fruits of her nuptials, must be an holy oblation to the god she worships. »

M. Abel de Rémusat rapporte qu'au Cambodge le « *jus primæ noctis* » incombe à un prêtre de Boudha ou Tao-sse; cette fonction se nomme Tchin-than. « Chaque année, à l'époque qui répond à la quatrième lune de la Chine, l'efficier du lieu fait publier le jour qui a été choisi pour le Tchin-than, et avertit ceux qui ont des filles à marier de venir d'avance lui faire leur déclaration[1]. » Au jour fixé, il se célèbre dans la ville une grande fête nocturne, et la cérémonie du Tchin-than s'accomplit dans toutes les maisons où il y a des filles à marier.

L'idée que la violation de la loi naturelle par le fait du mariage nécessite une expiation, a persisté jusqu'à nos jours dans l'Inde, à Goa, à Pondichéry et particulièrement dans les vallées du Gange : les jeunes filles, en ces contrées, sont tenues par la religion à se présenter avant leur mariage dans les temples consacrés à

[1] *Ab. de Rémusat*, Nouv. Mélanges asiatiques, p. 116, Paris 1829.

Juggernaut[1]. Quant aux femmes non mariées du Bhotan (nord de l'Inde), de la Cochinchine et de Bornéo, la licence la plus absolue est pour elles de droit commun; il en est de même chez le plus grand nombre des peuplades de l'Océanie, de l'Amérique et de l'Afrique.

La prostitution dans des vues religieuses a régné dans l'antiquité sur une vaste surface du globe[2], et spécialement en Asie. On sait qu'a-

[1] *Grosse*, Hist. abrégée des cultes, I, 431. Cf. *Lubbock*, Orig. de la civil., p. 101.

« Chez les Saccalaves de Madagascar, les jeunes filles se déflorent elles-mêmes, quand elles n'ont pas été déflorées dès leur bas âge par leur mère, et un père ne marie jamais sa fille avant que cette opération n'ait été menée à bonne fin par l'un ou par l'autre. » — *Noel*, Bull. Soc. Geogr. Paris 1843, t. XX, 2me série, p. 294. On retrouve dans certaines parties de l'Inde la même pratique : la jeune fille est déflorée par sa mère au moyen d'un instrument, dans une cérémonie nocturne qu'on célèbre en grande pompe. (« La giovinetta rompe la sua verginità sopra il palo acuto... ») Voyez la collection Ramusio I, libro di Odoardo Barbosa, portoghese, *fl. 335. D.*

[2] Voy. *von Hellwald*, Die polygamischen Eheverhältnisse,

vant leur mariage toutes les Lydiennes devaient le sacrifice de leur vertu dans l'Hagneôn, c'est-à-dire : « le lieu du sacrifice de la chasteté, » près de Sardes, comme les Babyloniennes dans le temple de Mylitta[1].

Les réclamations de la divinité outragée par la violation « des lois naturelles » s'adressaient parfois à toute une cité; et, dans le cas de quelque calamité publique, les interprètes des volontés divines exigeaient souvent de l'ensemble des citoyennes l'oblation de leur pudeur en vue de l'intérêt général.

Ausland, Janvier 1867. Les nombreuses colonnes phalliques que l'on rencontre dans le Yucatan paraissent se rapporter à la période de ces cultes. Ausland, 1871, p. 1142.

[1] *Hérod.*, I, 190-193. D'après *Strabon*, II, p. 532 (et Eustath. Ilias, p. 987) dans la contrée d'Akisilène, entre l'Euphrate et le Taurus, les jeunes filles de haute naissance considéraient comme un honneur de se consacrer pendant un certain temps au culte d'Anaïtis. Les lieux consacrés à l'hétairisme religieux étaient très-nombreux dans l'antiquité (voy. Bach. 270 et 300, sur le Λαύρα de Samos et d'Alexandrie, le βάδυ des Éléens, le γλυκὺς λιμὴν des Épirotes (*Strabon*, 7, 32 4), le Κηλωτά des Cariens, etc.

La superstition qui entretenait d'aussi étranges aberrations, a même laissé ses traces au sein d'une civilisation avancée. On voit encore, à l'époque historique, les magistrats de Locres Épizéphyrienne (ville placée sous le patronage d'Aphrodite) requérir officiellement en un jour de danger public le sacrifice des femmes de la cité dans le temple de Vénus pour apaiser la déesse[1].

[1] *Justin*, 21, 3: Quum Rheginorum tyranni Leophronis bello Locrenses premerentur, voverant si victores forent, ut die festo Veneris virgines suas prostituerent. Quo voto intermisso, quum adversa bella cum Lucanis gererent, in concionem eos Dionysius vocat : hortatur, ut uxores filiasque suas in templum Veneris, quam possint ornatissimas mittant; ex quibus sorte ductæ centum voto publico fungantur, religionisque gratia uno stent in lupanari mense, omnibus ante juratis viris ne quis ullam attaminet. Quæ res ne virginibus voto civitatem solventibus fraudi esset, decretum facerent, ne qua virgo nuberet priusquam illæ maritis traderentur. Probato consilio, quo et superstitioni et pudicitiæ virginum consulebatur, certatim omnes feminæ impensius exornatæ in templum Veneris conveniunt... etc. — Voy. *Bach.*, Mutterr. 309, 270, 320.— Ces rites religieux

Il convient cependant d'ajouter que les femmes épizéphyriennes cherchèrent à éluder le vœu et à y satisfaire par une simple démonstration ou simulacre. On ne pouvait, en effet, dans les contrées où régnait le respect du mariage, tolérer patiemment, même sous le prétexte d'une obligation sacrée, la négation la plus complète des liens conjugaux — aussi voyons-nous de bonne heure, dans la Grèce primitive (dans les localités où existaient des affinités avec l'Asie et les cultes orientaux, comme à Corinthe), l'hétairisme obligatoire de toutes les femmes restreint à un corps de hiérodules spéciales : ces prêtresses, chargées du devoir qui, jadis, incombait à toutes les femmes, délivraient par leurs œuvres leurs contemporaines de toute contribution personnelle[1].

se rattachaient à tout un ensemble de traditions relatives aux origines des Locriens et contemporaines du système d'institutions de la famille par les femmes.

[1] *Athen.* 13, 573. Cf. Philostr. Im. 2, 1. Ὑμνήτριαι *Bach.*, Mutterr., 270. Le caractère remarquable de la ci-

Strabon affirme que les jeunes filles de bonne famille qui se vouaient pendant un certain temps au culte d'Anaïtis, jouissaient d'une considération telle qu'on les recherchait avec empressement en mariage[1]. — Ce n'est pas un fait exceptionnel. Chez plusieurs peuples, la profession de courtisane est encore entourée de respect et d'estime. MM. Combes et Tamisier, dans leur voyage en Abyssinie en 1835, constatèrent avec surprise la réputation honorable dont l'opinion publique gratifiait les courtisanes. « Elles occupaient à la cour du prince un rang élevé, et

vilisation hellénique depuis ses origines légendaires, est celui d'une réaction morale contre les cultes et les principes sociaux de l'Asie : la guerre de Troie est une expédition entreprise sous le prétexte officiel de venger l'affront fait au lit conjugal. La lutte contre l'Aphrodite orientale caractérise à plusieurs reprises les progrès de la religion et de la société chez les Grecs pendant la belle période de leur histoire. Le déclin de leur civilisation après Alexandre coïncide avec le retour offensif des cultes immoraux de l'Asie et des dieux phalliques, auxquels les démocraties accordèrent facilement droit de cité.

[1] *Strabon*, II, p. 532.

souvent même recevaient de lui le gouvernement d'une ville ou d'une province[1].

Les courtisanes sacrées de l'Inde sont également l'objet de la considération publique, et, suivant une remarque faite par l'abbé Dubois, elles ont été jusqu'à une époque récente les seules femmes qui reçussent de l'éducation[2].

[1] *Combes* et *Tamisier*, Voy. en Abyssinie, t. II, 116 et suiv. Paris, 1838, 4 vol.

[2] *Dubois*, Mœurs..... des peuples de l'Inde, 217, 402, Paris, 1825. — M. *Lubbock*, Orig. de la civilis., rapporte comme exemple du prestige attaché à cette profession, que dans la ville indienne de Vesali, « où le mariage était chose interdite, la grande maîtresse des courtisanes occupait une très-haute position sociale. Lorsque le saint Buddha (Çakyamuni), dans sa vieillesse, visita Vesali, on le logea dans un jardin appartenant à la maîtresse des courtisanes, où il reçut la visite de cette grande dame, qui vint le voir, accompagnée de sa suite, dans des carrosses de gala... En retournant à la ville, elle rencontra les magistrats de Vesali, revêtus de leurs costumes de cérémonie, mais leurs équipages se dérangèrent pour lui faire place. Ils lui demandèrent de leur abandonner l'honneur de recevoir Çakyamuni; mais elle refusa, et le grand homme lui-même, quand les chefs le sollicitèrent en personne, re-

On observe même assez fréquemment chez certains peuples barbares qu'ils témoignent plus de déférence aux courtisanes qu'aux femmes mariées, quoiqu'ils exigent de ces dernières une conduite irréprochable[1].

Cette apparente contradiction peut s'expliquer par le fait que les femmes mariées ont été dans l'origine des captives et des esclaves, tandis que les courtisanes au contraire appartenaient à la nation même; c'étaient des compatriotes, des parentes, qui perpétuaient sous la sanction de la religion, les vieilles mœurs nationales. Quant aux femmes mariées, en leur qualité d'étrangères et d'objets possédés, on avait pu les assujettir au droit civil naissant qui régissait la propriété, et leur interdire d'aliéner une part quelconque des droits du mari.

C'est en effet comme une conséquence du

fusa également de se dégager de l'hospitalité qu'il avait acceptée de la grande maîtresse. » (Mrs Spier's life in ancient India, p. 281.)

[1] *Burton*, Lake regions of Africa, I, 198.

principe de la propriété que la chasteté s'offre à nos yeux dans les époques barbares : l'adultère y est uniquement un larcin, une infraction aux droits du propriétaire, qui, sans porter atteinte à la réputation de la femme, nécessite néanmoins une réparation en argent — d'où le régime des amendes, si fréquent en cas pareil en Afrique, tout particulièrement, par exemple, en Guinée, où la femme surprise en flagrant délit paie deux ou trois onces d'or à son mari.

Avant d'être un sentiment, la chasteté a été une obligation[1]. Parmi le plus grand nombre des

[1] La chasteté, pas plus que la jalousie, ne paraît avoir été un besoin inné : quant à cette dernière passion, elle est presque universellement inconnue des peuples peu civilisés. Les peuples barbares n'apprécient le plus souvent une femme qu'à raison de sa fécondité, sans aucun souci de sa vertu intrinsèque : aux îles Marquises, une jeune fille enceinte trouve aussitôt vingt maris pour un. Victor Jacquemont écrivait des Thibétains, qui se réunissent au nombre de cinq ou six pour épouser la même femme, que ces gens le comprenaient à peine, lorsqu'il leur demandait si la préférence de la femme pour un de ses maris ne suscitait point de querelle entre eux. Au Thibet, du temps de

peuples barbares, la fidélité conjugale est en intime corrélation avec le droit de propriété.

Chez les Arabes Hassaniyeh du Nil Blanc, les femmes ne sont astreintes à la chasteté qu'à certains jours de la semaine, dont le nombre est déterminé par celui des têtes de bétail que le fiancé a données pour prix de sa femme. Cette dernière a toute liberté pour les jours qui n'ont pas été spécialement réservés dans le

Marco-Polo, et suivant la version de ce voyageur, plus une femme avait eu d'amants, plus elle trouvait facilement à se marier; car, disent les Thibétains, les sollicitations dont elle a été l'objet prouvent qu'elle est plus gracieuse, partant plus précieuse que les autres. — On sait que de nos jours encore, sur plusieurs points du globe, l'hôte se fait un devoir d'offrir à l'étranger sa femme ou sa fille en signe d'hospitalité. La jalousie, si l'on en juge par un article du Code pénal du Céleste-Empire, ne paraît pas un défaut commun chez les maris chinois : « Quiconque louera une de ses « femmes à un autre, pour la faire sienne pendant un « temps, recevra 80 coups... » I, 184, section CII (Des épouses ou des filles données à loyer). Ta-tsing Leu-lée, ou lois fondamentales du Code pénal de la Chine, traduit du chinois par G.-Th. Staunton, Paris, 1812, 2 vol. in-8°.

contrat de mariage[1]. Au Congo, aussitôt que le maître d'une hutte est mort, sa femme a le droit d'accorder ses faveurs à tous ceux qui les réclament — c'est-à-dire que dès la mort du propriétaire l'esclave reprend sa liberté et l'exercice de son droit naturel.

Parmi les causes qui contribuèrent à retarder chez les barbares le triomphe de la chasteté, il faut compter la redevance en argent qui accompagnait le sacrifice à Mylitta. Le gain ramassé dans ces sacrifices permettait à la jeune fille de s'établir avantageusement, et comme les Lydiennes du temps d'Hérodote, les femmes gagnaient elles-mêmes leur propre dot dans les temples de la déesse. Aussi, en diverses contrées la famille elle-même encourageait-elle un culte productif : le trafic des filles était pour les parents une source de revenus.

M. Duveyrier rapporte[2] de certaines tribus

1. Ausland, janvier 1867, p. 114.
2. Touâreg du Nord, p. 340.

arabes du Sahara que : « le père, avant que sa fille ne se marie, exige d'elle le remboursement prélevé sur son corps de ce qu'elle a coûté à sa famille... et, ajoute-t-il, la fille déshonorée selon nous, rachetée suivant les idées locales, est d'autant plus recherchée qu'elle aura eu plus de succès dans le commerce de ses attraits. » Au Japon, le père loue pour un certain temps sa fille à des maisons publiques, sans encourir le moindre blâme, et à son retour sous le toit paternel, la fille qui dans ces maisons a reçu une instruction agréable, qui a appris à danser ou à chanter, a la certitude d'être promptement demandée en mariage.

Pour combattre ces honteuses et antiques coutumes, pour les détruire dans leur source, il fallait d'abord que la famille renonçât à tirer un profit pécuniaire de la jeune fille, et, en second lieu, qu'elle pourvût elle-même à son établissement ou à la dot. C'est dire que de longs siècles ont dû s'écouler avant qu'une institution de ce genre ait pu prendre racine dans les mœurs d'une population, puisqu'elle suppose un accroissement préalable de la richesse générale.

En se rendant compte des difficultés économiques et des superstitions religieuses, qui dans les temps barbares s'opposèrent au triomphe d'une morale plus pure, au mariage, l'on peut comprendre l'origine de la *dot* et l'importance qu'elle avait aux yeux des Grecs et des Romains. Pour eux, la fille sans dot ne valait guère mieux qu'une concubine, et les préjugés populaires attachèrent longtemps un certain mépris à la personne de l'*indotata*. La possession d'une dot permettait à la jeune fille de ne plus faire du commerce de ses charmes une nécessité pour vivre — et contribua à déraciner les habitudes de l'hétairisme. Un vieux proverbe latin a conservé le souvenir de l'ancienne façon de gagner sa dot : « *tusco more tute tibi dotem quæris corpore.* »

C'est donc par une série de transactions entre le principe du communisme et celui de la propriété privée, que le genre humain paraît être parvenu à l'institution du mariage, la plus décisive de toutes les conquêtes humaines; sans laquelle notre espèce retomberait au niveau des animaux inférieurs, institution, en un mot, si importante que l'homme a cru devoir lui attribuer une origine divine.

CHAPITRE II

§ 1.

La famille à Hawaï.

Les infimes débuts de l'humanité, où nous cherchons l'origine de la *parenté par les femmes*, se révèlent à nous par un autre ordre de preuves ou de présomptions, qui nécessitent, malgré leur aridité, une étude spéciale de notre part.

Dans le chapitre précédent, nous avons émis l'hypothèse que le genre humain, avant de s'élever à ce stage de civilisation basé sur le « mariage » proprement dit, avait connu une autre forme de société, dans laquelle le mariage se présentait comme la simple cohabitation de plusieurs individus au sein d'une grande famille vivant en communauté.

Cette supposition semble devoir se vérifier par l'examen de la famille chez certaines races inférieures de l'Asie et de l'Océanie, que nous pouvons à certains égards considérer comme les représentantes de l'humanité primitive. Plus on pénètre dans ce monde primitif, plus l'on est réduit à renoncer aux légendes flatteuses qui font sortir l'humanité du néant, pourvue de ses qualités intellectuelles et éthiques, ainsi qu'une Minerve armée, du cerveau de Jupiter. Les idées, les sentiments, les besoins aujourd'hui les plus intimes de notre nature, et qui souvent, par leur simplicité même, nous paraissent un attribut inné de la raison ou de l'instinct, ont germé dans l'esprit humain avec la plus désespérante lenteur. La notion de *parenté individuelle* entre autres ne semble s'être développée que lentement, par étapes, avant de passer dans le bagage des idées acquises.

Les premières manifestations de cette notion

de consanguinité ne réveillent pas l'idée de relations d'*individu* à *individu*, mais celles d'une parenté spécifique ou générale d'un individu avec une horde entière. L'enfant, avant de se voir rattaché par des liens directs à son père ou à sa mère, a été affilié à l'ensemble du groupe où le hasard l'avait fait naître; il eut pour *parent* la tribu entière; ses pères, ce furent tous les hommes d'âge mûr; ses mères, toutes les femmes de la horde qui auraient pu lui donner le jour. — Telles sont du moins les conclusions que l'on peut extraire des laborieuses recherches de M. Morgan sur les différents systèmes de nomenclature des parentés en usage sur le globe[1].

Chez les Aryas et Sémites, la nomenclature des parentés indique que la famille y est fondée sur le principe du mariage entre simples couples : les termes qui désignent les différents de-

[1] L.-H. *Morgan*, Systems of consanguinity and affinity of the human family, Smithsonian Contributions to Knowledge, vol. XVII, Washington, 1871.

grés de consanguinité, l'ordre dans lequel ils classent et répartissent les rapports d'affinité, montrent clairement que, dès une haute antiquité, les consanguins divisés en lignes directes et collatérales, ont été rattachés les uns aux autres comme rejetons d'ancêtres communs et produits successifs de *couples mariés.*

Mais il n'en est plus de même, si nous étudions l'organisation des degrés de parenté chez les peuples malais, touraniens et américains peaux-rouges.

Ici, de tous autres aspects que chez les Aryas viennent caractériser les rapports de consanguinité. Chez ces peuples, plus de couples premiers avec leurs ramifications successives, mais seulement une tribu de parents, divisée en grandes classes, dans lesquelles viennent s'absorber les lignes collatérales et se confondre les relations d'individu à individu. Le caractère général du système des parentés parmi ces races, c'est la distribution des degrés de consanguinité en couches de générations, où s'effacent les rapports personnels de tel parent à tel autre. Ceci mérite explication.

Prenons pour exemple les Hawaïens[1] (habitants des îles Sandwich) ; leur système de parenté nous servira de type pour tous ceux qui sont en usage chez les Malais de la Polynésie et de l'archipel indien.

La nomenclature des termes de parenté chez ces insulaires ne mentionne que *cinq degrés* de consanguinité :

[1] Les Hawaïens appartiennent à un des rameaux de la race malaise, que M. Morgan divise en trois groupes principaux, à savoir : celui des Malais proprement dits (Malacca, Sumatra, Java, Célèbes, Moluques, Philippines), des Polynésiens (Hawaï, Taïti, Tonga, Nouvelle-Zélande, etc.) et des Madacasses (Madagascar). Les insulaires du Pacifique nous offrent probablement le spécimen d'une civilisation primitive : ils ont dû à leur situation géographique de rester en arrière de leurs congénères des îles de l'Océan indien, soumis à l'influence propice du continent. Sur ces îles lointaines, les premiers éléments de civilisation leur faisaient défaut et le développement social devait être plus lent que sur une surface de terre étendue, où l'on peut découvrir et cultiver de nouvelles céréales, domestiquer ou croiser de nouvelles races de troupeaux.

Grands parents,
Parents,
Frères et sœurs,
Enfants,
Petits-enfants.

Tous les consanguins, proches ou éloignés, sont classés d'après ces cinq couches de générations, et un individu ne saurait avoir avec l'un des membres de la tribu d'autre affinité que l'une des relations exprimées par ces divisions.

Une première classe comprend : Ego, mes sœurs, frères et cousins.

Une seconde : mon père, ma mère, leurs frères, leurs sœurs, leurs cousins. Toutes ces personnes se nomment mes *pères* et *mères* — mes *parents*, dans le sens latin de *genitores*.

Une troisième classe renferme : mon grand-père, ma grand'mère, leurs frères, sœurs et cousins : c'est la section de mes *grands parents*.

Une quatrième se compose de mes fils, filles et leurs cousins collatéraux, qui tous ensemble forment la classe de mes *enfants*.

Et la cinquième enfin embrasse mes petits-fils, petites-filles, ainsi que leurs cousins : ce sont mes *petits-enfants*.

La même dénomination de parenté est appliquée indistinctement à chacun des membres de la même promotion : tous les membres d'une section sont entre eux *frères et sœurs :* les *frères* se distinguent entre eux en *frères plus âgés* et *frères plus jeunes* que celui qui parle. Les *sœurs* se distinguent entre elles également suivant leur âge respectif par un terme spécial. Il peut se rencontrer en effet que la naissance de deux «frères» ou de deux «sœurs» soit séparée par une vingtaine d'années.

Le vocabulaire hawaïen ne fournit aucun terme pour les qualités d'*oncle*, *tante*, *neveu*, *nièce* et *cousin*. Les parentés ont lieu de classe à classe, et non de personne à personne : les rapports des lignes collatérales sont donc inconnus. L'oncle y nomme son neveu : *mon fils ;* le neveu nomme sa tante : *ma mère*, et non au figuré, mais dans le sens réel de ces termes, et avec toute la valeur qu'ils auraient dans nos langues ; ces expressions impliquent pour les Hawaïens une parenté réelle. — Bien plus : il n'existe aucun mot pour désigner spécialement le *père* et la *mère* dans l'acception individuelle où nous prenons ces appellations. L'enfant applique indistinctement l'épithète de *mère* à celle qui lui a donné le jour et à toutes les femmes, *sœurs* de sa mère ; il ne possède à son service qu'un terme générique : *parent*, auquel il ajoute les mots : *mâle* ou *femelle*, suivant qu'il s'adresse à l'un de ses pères ou à l'une de ses mères.

Aussi les termes de père, mère, fils, fille désignent-ils à Hawaï plutôt la situation générale d'un individu par rapport à la tribu-famille, que les relations particulières d'une personne avec une autre[1].

La nature d'un pareil système donne à penser qu'il a pris naissance dans une société vi-

[1] Voyez à la suite de ce paragraphe les principaux termes de parenté en usage chez les Hawaïens.

vant en communauté. Il se trouve en parfait accord avec le caractère des filiations au sein de la promiscuité. Si le frère appelle «mon fils» l'enfant de sa sœur, il y a lieu de présumer que les mœurs autorisent l'union des « frères et des sœurs. Notre sentiment offensé cherche à se persuader que les termes que M. Morgan traduit par ceux de *frères* et de *sœurs*, désignaient chez ces peuplades un vaste cercle d'individus, et non pas uniquement quelques personnes étroitement apparentées, puisqu'en réalité la nomenclature embrassait tout le personnel d'une horde au lieu de s'arrêter aux membres d'une famille distincte. D'ailleurs, par le fait même du peu de durée des unions, les enfants d'un *même couple* devaient être une exception au sein de la promiscuité : le hasard seul pouvait donner à un *frère* et une *sœur* le même père et la même mère.

Et pourtant, malgré notre profonde répugnance à l'idée d'une union conjugale entre frère et sœur, enfants d'un même couple, peut-être faut-il accepter sans correctif la supposition de ces alliances incestueuses.

Les auteurs classiques nous signalent l'existence du mariage entre frères et sœurs sur une telle étendue de pays, et avec une telle généralité, qu'on ne saurait y voir une particularité exceptionnelle. Arabes, Égyptiens, Kares, Perses l'ont pratiqué fréquemment à une époque déjà historique, et sans soulever contre eux l'opinion publique, plus puissante chez les peuples de l'antiquité que de nos jours. D'après Diodore, c'était même un devoir pour les rois égyptiens d'épouser leur sœur, coutume également suivie par plusieurs dynasties royales de l'Asie Mineure, et encore aujourd'hui chez les princes à Madagascar. Suivant Platon, la Pythie de Delphes avait déclaré que le mariage entre frère et sœur était non-seulement licite, mais une loi naturelle.

Écho d'un très-vieux passé, la doctrine sacerdotale conservait ici la tradition des âges primitifs, de même que chez les Mages, alors que dans un but religieux ils prescrivaient l'inceste du père avec sa fille, de la mère avec son fils. Ce n'est donc point par hasard que nous voyons dans la mythologie les dieux épouser leurs sœurs, Zeus et Hera chez les Grecs, Freyr et Freya chez les Germains, Janus et Camisa en Italie, Osiris et Isis en Égypte. Les dieux avaient alors les mœurs des peuples qui les adoraient : de même les héros qui, comme Siegmund et Sieglinde (dans l'Edda), Eriphyle et Adraste dans les mythes de la Grèce, Manco Papac et sa sœur Mama Oello chez les Incas du Pérou, ouvrent par leur mariage incestueux la légende historique.

De nos jours encore, sur divers points du globe, les navigateurs ont été souvent les témoins d'unions tellement scandaleuses entre proches parents, que plusieurs d'entre eux n'ont pas hésité à comparer certains sauvages à la faune qui les entoure : assimilation parfois même acceptée d'une manière consciente par ces êtres à peine dignes du nom d'hommes :

« Ma nation, répondit un jour cyniquement un habitant des îles Aléoutiennes (Amérique russe) à un missionnaire[1], suit à l'égard des accouplements l'exemple des loutres de mer, qui nous environnent. » Le monde animal ne connaît point d'inceste.

Les Hawaïens en particulier, jusqu'au siècle dernier, ne se laissaient arrêter dans leurs unions par aucune considération de parenté. La principale difficulté des missionnaires dans ces îles consistait à enseigner aux femmes la chasteté : elles ignoraient, dit un voyageur moderne, et le mot et la chose. L'adultère, l'inceste, la fornication étaient chose commune, acceptée par l'opinion publique, et consacrée par la religion[2].

Il serait donc possible, si les termes de parenté recueillis par M. Morgan possèdent réellement le sens qu'il leur assigne — et tout

[1] *Langsdorf*, Annal. de Malte-Brun, 21.

[2] *De Varigny*, 14 ans aux îles Sandwich, p. 159, Paris, 1874.

moyen de contrôle à cet égard nous fait défaut — que la nomenclature des Hawaïens eût été jadis déterminée par la grossièreté de leurs mœurs, et que ces populations eussent autrefois vécu dans une condition analogue à celle des animaux, chez lesquels, après l'allaitement, le petit ne reconnaît plus la mère qui l'a nourri. M. Morgan n'hésite pas à attribuer à une pauvreté d'idées plutôt qu'à une pauvreté de langage, l'insuffisance des termes de parenté chez ces sauvages : le vocabulaire hawaïen est même à certains égards plus riche que le nôtre et possède des termes pour des degrés de parenté que nous ne distinguons pas.

Ce système de nomenclature est d'un usage journalier à Tonga, Samoa, aux îles des Navigateurs, Marquises, Taïti, à la Nouvelle-Zélande et sur plusieurs autres points du Pacifique, et, quoique la plupart des peuplades chez lesquelles on l'observe soient aujourd'hui sorties de l'état de promiscuité, leurs langues ont néanmoins conservé l'empreinte archaïque des seules parentés connues à l'époque de leur formation. Lors des premiers établissements des missions américaines dans le Grand Océan, les dénominations de parenté ne correspondaient plus déjà qu'imparfaitement au véritable état social de ces peuplades: en diverses îles on pouvait constater des progrès partiels, entre autres chez les Kingsmill, qui, parallèlement aux termes généraux de « parents, » avaient créé des désignations spéciales pour le *père* et la *mère* véritables. Ces insulaires continuaient cependant à regarder leurs cousins germains comme des « frères, » et tenaient toujours les enfants de ces derniers pour leurs propres petits-enfants.

Les Hawaïens eux-mêmes avaient également commencé à assigner certaines restrictions au communisme jadis illimité : le mariage entre frères et sœurs se pratiquait bien encore parfois à Hawaï, mais généralement les *frères*, d'un côté, possédaient leurs femmes en commun, et les *sœurs*, de l'autre, vivaient en société conjugale avec un certain nombre d'hommes moins étroitement apparentés. Enfin, au siècle dernier, lorsque Cook visita ces îles, un changement considérable s'était effectué chez ces insulaires : la famille proprement dite s'était formée, la filiation commençait à se régler par les femmes et, du moins pour les chefs, les rangs et dignités se transmettaient par la ligne féminine, le ventre anoblissait[1]. Malgré l'imperfection de cette parenté unilatérale par les femmes, c'était un immense progrès réalisé sur la période précédente, pendant laquelle l'individu se rattachait à la horde entière en vertu d'une parenté générale.

[1] *De Varigny*, 14 ans aux iles Sandwich, p. 14, Paris, 1874.

NOTE DE LA PAGE 92

Voici quelques-uns des termes principaux usités par les Hawaïens, avec l'indication des diverses personnes qu'un même mot désigne :

Hawaïen :	
I. (Kuu) *Kupuna*	= Mon grand-père, le frère de mon grand-père, la sœur de mon grand-père; ma grand'mère, le frère de ma grand'mère, la sœur de ma grand'mère.
II. (Kuu) *Makua*-Kana	= Mon père, le frère de mon père; le frère de ma mère; le mari de la sœur de mon père; le mari de la sœur de ma mère; le fils du frère de mon grand-père; le fils de la sœur de ma grand'-mère.
(Kuu) *Makua*-w heena	= Ma mère; la sœur de mon père; la sœur de ma mère; la femme du frère de mon père; la femme du frère de ma mère; la fille du frère de mon grand-père; la fille de la sœur de ma grand'mère.

III. (Kuu) *Kaikai*-na = Mon frère ; le fils du frère de mon père (ou de ma mère) ; le fils de la sœur de mon père (ou de ma mère) ; le petit-fils du frère (ou de la sœur) de mon grand-père (ou de ma grand'-mère) ; le fils de la fille de la sœur de la mère de ma mère....

(Kuu) *Kaiku*-waheena = Ma sœur ; la fille du frère de mon père (ou de ma mère) ; la fille de la sœur de mon père (ou de ma mère) ; la petite-fille du frère de mon grand-père ; la petite-fille de la sœur de mon grand-père (ou de ma grand'-mère) ; c'est-à-dire tous mes cousins. Les Hawaïens, pour désigner le frère plus âgé que celui qui parle, possèdent un autre terme : (kuu) *kuaana*. En outre, si c'est un homme qui parle, il dira : *kuu-kuaana*, mon frère plus âgé, et *kuu-kaikaina*, mon frère plus jeune, tandis qu'au contraire, dans le même cas, une femme dira : *kuu-kaikunane*, mon frère plus âgé, et *kuu-kaikunané*, mon frère plus jeune. Les désignations du même degré de parenté varient donc suivant le sexe de la personne qui parle.

IV. (Kuu) *Kaikee*-kana = Mon fils, le fils de mon frère, le fils de ma sœur, le petit-fils du frère (ou de la sœur) de mon père (ou de ma mère).

(Kuu) *Kaikee*-waheena = Ma fille, la fille de mon frère, ou de ma sœur... etc.

V. (Kuu) *Moupuna*-kana = Mon petit-fils (par la ligne masculine aussi bien que par la ligne féminine); le petit-fils de mon frère (ou de ma sœur); l'arrière-petit-fils du frère (ou de la sœur) de mon père (ou de ma mère), etc...

(Kuu) *Moupuna*-waheena = Ma petite-fille... etc., ut supra.

Le même mot : (kuu) *waheena* désigne à la fois : ma femme, la sœur de ma femme, la femme de mon frère, celles de mes cousins germains.

Une femme nomme (kuu) *Kana* (mon mari) et son propre époux et ses frères, et les maris de ses sœurs.

Chacun des termes de ce vocabulaire est d'un genre neutre; le sexe s'indique par l'addition du mot kana = homme ou waheena = femme.

Le sens littéral du mot *père* signifie simplement *parent* (genitor) *du sexe masculin ;* le sens de *mère* = une *parente* (genitrix) *du sexe féminin ;* de même « Kaikee » désigne simplement « un petit. »

D'après ce tableau, le fils et la fille de mon frère sont mon fils et ma fille ; chacun d'eux me nomme : *père*. Leurs enfants sont mes petits-enfants ; chacun d'eux me nomme *grand-père*. — Les enfants de ma sœur sont également mes fils et mes filles ; leurs enfants sont mes petits-enfants.

Le frère de mon père est mon *père* ; son fils et sa fille sont mon *frère* et ma *sœur*. Je leur donne le même nom qu'à mes propres frères et sœurs. Les enfants de ce prétendu frère et de cette sœur (qui chez nous porteraient le titre de cousins germains) sont mes *fils* et mes *filles* ; les enfants de ces derniers sont mes *petits-enfants*. Chacune de ces personnes m'applique en retour la désignation correspondante.

La sœur de ma mère est ma *mère* ; ses enfants sont mes *frères et sœurs* ; les enfants de ces « frères et sœurs » sont mes *fils* et mes *filles* ; les enfants de ces derniers mes *petits-enfants*.

Le frère de ma mère est mon *père* ; ses enfants et leurs descendants suivent les mêmes degrés de parenté que dans les cas précédents.

Le frère de mon grand-père est mon *grand-père* ; son fils est mon *père* ; le fils de ce dernier est mon *frère* ; le fils et le petit-fils de ce pseudo-frère sont mon *fils* et mon *petit-fils*. — La sœur de mon grand-père et ses descendants, — et le frère et la sœur de ma grand'mère, ainsi que leurs descendants, suivent les mêmes degrés de parenté que ci-dessus. — Aussi loin qu'on poursuive les degrés de consanguinité, la classification est la même.

§ 2.

Organisation de la tribu : Exogamie.

Le système de nomenclature par couches de générations est encore usité, avec diverses modifications, dans une grande portion du genre humain, quoique la forme primitive de famille sur laquelle il repose ait été presque universellement modifiée depuis de longs siècles. Il se retrouve à la base de l'organisation des parentés, chez les tribus indiennes de l'Amérique du Nord — les Japonais — les Chinois — les Birmans et Karens : — parmi les populations du sud de l'Inde dites dravidiennes, et celles du nord de la péninsule parlant le langage Gaura ; — c'est-à-dire parmi quatre à cinq cent millions d'individus en Asie ; — enfin, aux deux extrémités du globe, chez les Esquimaux et les Cafres.

Mais, si nous observons l'organisation de la famille chez la plupart des peuples que nous venons de mentionner, nous reconnaîtrons aussitôt que le principe de la parenté par classes s'y trouve combiné avec un autre principe, *celui de la parenté individuelle*, qui vient changer considérablement la physionomie de ces groupements barbares.

On aperçoit en effet parmi les populations de l'Asie et de l'Amérique la manifestation d'un progrès remarquable dans le système des parentés, qui dénote qu'un grand mouvement organique s'était produit dans l'humanité primitive — celui de l'*organisation de la tribu*.

On entend par *tribu* un groupe de consanguins, dont la parenté est exclusivement indiquée, soit par la descendance de mâle en mâle, soit par la descendance de femme en femme.

Lorsque la filiation se perpétue par la ligne masculine, la tribu se compose donc des descendants par les mâles d'un même ancêtre, tandis que l'on assigne les rejetons des filles de cet ancêtre aux tribus respectives de leurs pères. Lorsqu'au contraire chez un peuple la généalogie se trace uniquement par les femmes, la tribu prend pour point de départ un ancêtre féminin et ne comprend que les descendants par les femmes à l'infini ; la progéniture des mâles de la tribu se voit attribuée aux tribus respectives des mères, ainsi que cela a lieu dans les tribus australiennes, peaux-rouges et africaines mentionnées dans le premier chapitre.

La tribu ne comprend donc jamais simultanément la progéniture des deux lignes, et les enfants y ont uniquement pour parents — soit les parents de leur père, soit les parents de leur mère.

L'institution de la *tribu* se présente sur une telle étendue du globe, en Europe, en Asie, en Amérique, et avec de tels caractères d'antiquité, que son origine nous reporte sans aucun doute aux périodes les plus reculées de la civilisation.

Cette forme de société, qui a jadis prévalu parmi les ancêtres des populations indo-européennes, subsiste encore parmi de grandes nations de l'Asie et s'est conservée jusqu'à nos jours chez les Indiens américains.

Quelles sont les causes qui ont donné naissance à la *tribu?* par quelle suite d'événements a-t-elle été provoquée et quel est le caractère distinctif de sa constitution ?

Un auteur écossais, M. Mac Lennan, dans un savant ouvrage [1] consacré à l'étude de l'organisation de la tribu, a cru pouvoir établir que le principe organique de la tribu n'avait été autre que *l'interdiction du mariage entre les individus de la même horde*, dont tous les membres étaient considérés comme consanguins. D'après M. Mac Lennan, cette loi, à laquelle il donne le nom d'*exogamie (mariage hors de la tribu)*, aurait été à une certaine époque de l'antiquité à peu près universelle. Il la retrouve

[1] *M. Mac Lennan*, Primitive Marriage, Edinburgh, 1865.

en Chine, en Sibérie, en Tartarie, dans l'Inde, en Circassie, dans les deux Amériques, en Australie, dans les îles du Pacifique, et, enfin, chez les Celtes et les Pictes d'Écosse.

En Australie, par exemple, aucun homme ne peut épouser une femme portant le même nom que lui, c'est-à-dire de la même *tribu*.

En Chine, au milieu d'une vaste population, il n'y a environ que cent noms de familles distribués sur toute la surface de l'empire[1], et le

[1] « Il n'y a pas plus de cent noms de famille connus dans « toute l'étendue de l'Empire, et l'expression des *cent « noms* est souvent employée comme un terme collectif « pour toute la nation chinoise » — (les Chinois se nomment entre eux *Pih-sing* ou les Cent-Familles) — « ces « cent noms, dit la tradition, remontent jusqu'à Soui-Feu, « 2,300 ans avant le déluge. Tous ceux qui portent le « même nom se considèrent comme parents et issus des « mêmes ancêtres. » — Voyage dans l'intérieur de la Chine et de la Tartarie de 1772 à 1794, par lord *Macartney*, ambassadeur du roi d'Angleterre auprès de l'empereur de la Chine, traduit par Castéra, vol. IV, 147, Paris, an XII (1804). Cf. dans le même sens : *Lechler*, missionnaire, Acht Vortræge über China. Bâle, 1861, 1 vol. 8°. — M.

mariage est interdit entre individus du même nom ; dans l'Inde pareillement, entre personnes du même *gotram* [1], c'est-à-dire du même nom, etc. Le signe apparent d'une filiation commune ou de la descendance originaire d'une même tribu s'est conservé à travers les générations au moyen d'un nom de famille ou d'un blason

Morgan (Smiths. Contrib. v. XVII, p. 418) dit qu'il y a actuellement environ *quatre cents* noms de famille en Chine. Peut-être y a-t-il moyen de concilier ces deux versions, en admettant que les *cent* noms originaires sont ceux des tribus, d'où sont sortis les *quatre cents clans* actuels, base de l'organisation domestique des Chinois.

[1] « Chez les Hindous, un oncle peut épouser la fille de sa sœur, mais jamais celle de son frère ; les enfants du frère peuvent se marier avec ceux de la sœur ; mais les enfants de deux frères, ni ceux de deux sœurs ne peuvent jamais contracter mariage entre eux ; les enfants de la ligne masculine ainsi que ceux de la ligne féminine continuent de génération en génération à s'appeler entre eux frères et sœurs ; les enfants de la ligne masculine ne donnent pas le nom de frère et de sœur à ceux de la ligne féminine, et vice versâ, mais se désignent par leurs noms personnels. » L'abbé *Dubois*, Mœurs, institutions et cérémonies des peuples de l'Inde... Paris, 1825, vol. I, 10.

comme le *totem* des Peaux-Rouges, qui ne permet pas aux individus répartis dans des tribus différentes d'oublier leur consanguinité ; il est presque superflu d'ajouter que cette interdiction de mariage atteint ordinairement des personnes qui, d'après nos idées européennes, ne seraient à aucun degré parentes entre elles.

Cette prohibition parmi les nations barbares qui ne reconnaissent que la parenté par les femmes, produit des résultats singuliers : elle a pour premier effet, lorsque la mère appartient à une horde ennemie, d'augmenter par les naissances le nombre des ennemis au sein du peuple du père, ainsi que nous l'avons observé chez les Australiens (p. 44) ; l'exogamie peut enfin transformer en peu d'années, par le seul fait des naissances, la nationalité d'une horde, puisque le fils hérite de la condition de sa mère. Ce rapide changement de nationalité, sans migrations, sans guerres destructives [1], a parfois

[1] Parmi les peuples barbares, ces sortes de guerres où la population mâle est anéantie, n'ont pas toujours pour

provoqué l'étonnement des voyageurs, qui, à peu d'années d'intervalle, trouvaient dans la même localité une peuplade différente de celle qu'ils avaient observée lors d'une précédente visite : quelquefois l'ancienne tribu, jadis dans la plaine, avait insensiblement pris la place d'une tribu voisine sur la montagne, et vice versâ celle de la montagne était descendue dans les villages de la plaine.

On est en droit d'accueillir avec quelque réserve l'hypothèse de M. Mac Lennan, qui rattache l'institution de la tribu à une innovation en matière de mariage ; il faut reconnaître cependant que cette formule de l'*exogamie* apporte un secours inattendu à l'intelligence du système

résultat de faire disparaître la nationalité de la peuplade vaincue : chez ceux où règne la filiation par les femmes, ces dernières renouvellent souvent en une seule génération la nation détruite ; et chez ceux mêmes qui suivent la filiation masculine, l'élément féminin indigène suffit parfois à perpétuer, malgré la conquête, l'ancien caractère du pays : langues, mœurs, traditions sont transmises par les mères à leurs enfants, et s'imposent même aux conquérants.

de la famille parmi de très-anciennes populations. Elle paraît être en particulier la clef de la nomenclature compliquée des parentés chez ces peuples *dravidiens* de l'Inde et les indigènes de l'Amérique du Nord, dont M. Morgan nous donne les tables bizarres.

Si l'on demande à un Indien peau-rouge d'indiquer dans quelle relation de parenté il se considère avec « le fils de son *frère?* » il répondra : « c'est mon *fils*, » et avec « le fils de sa *sœur?* » — « c'est mon *neveu.* »

Aux mêmes questions, la femme de cet Indien répondra au contraire : « le fils de mon *frère* est mon *neveu ;* et celui de ma *sœur*, mon *fils.* »

En poursuivant l'interrogation, on obtiendra du même couple les indications suivantes :

Le frère de mon père — est mon *père ;*

Le frère de ma mère — est mon *oncle ;*

La sœur de ma mère — est ma *mère*;

La sœur de mon père — est ma *tante* [1].

[1] Voyez à la fin du paragraphe la nomenclature des principales relations de parenté chez les Peaux-Rouges.

Ainsi donc, et c'est là le trait distinctif de l'organisation de la famille chez les indigènes américains, un homme regarde le fils de son frère comme son fils et celui de sa sœur comme son neveu — tandis qu'une femme, intervertissant les rapports, tient le fils de son frère pour son neveu, et celui de sa sœur pour son fils.

A quelle cause attribuer une pareille singularité, sinon à la loi de l'exogamie, qui est venue mettre un terme aux alliances entre les *frères* et les *sœurs* ?

Depuis l'organisation de la tribu exogame, un homme ne pouvant plus épouser sa sœur, les enfants ont perdu la qualité de *fils* et de *filles*, pour prendre celle de *neveux* et de *nièces*. Quant aux fils de ses frères, au contraire, s'ils conservent comme par le passé la dénomination de *fils*, c'est que l'exogamie n'a mis aucun empêchement à ce que cet homme cohabitât avec la femme de son frère, puisqu'elle est d'une tribu étrangère.

Les mêmes raisons viennent déterminer les parentés d'une femme. L'exogamie, en mettant obstacle à l'union d'une *sœur* avec son *frère*, l'a conduite à considérer les enfants de ce frère comme ses *neveux;* mais lui a permis de regarder comme *ses fils* les enfants de sa sœur, car la nouvelle loi ne lui interdit point de cohabiter avec le mari de sa sœur, lequel est d'une tribu étrangère.

Les modifications introduites dans l'ancien système de parentés par promotions, ne paraissent donc que le résultat logique de l'interdiction du mariage entre les membres de la même horde, et tout particulièrement entre les frères et sœurs. — Au fond, cependant, l'innovation ne porte que sur un petit nombre de degrés de parenté : d'un côté, en effet, elle laisse subsister sans changements l'ancienne répartition des ascendants et descendants (au 2me degré) en grandes classes confuses [1], et, d'un autre, elle

[1] Voyez les notes à la fin du paragraphe ; les frères du grand-père et de la grand'mère sont encore réputés les

n'introduit qu'unilatéralement les parentés d'oncle, tante, neveu, nièce et cousin [1].

L'ordre dans lequel se présentent les nomenclatures de la parenté chez les *Indiens américains* et les *peuples asiatiques* mentionnés plus haut, dénote que la conception de la famille a été sinon absolument pareille, du moins analogue à l'origine chez les uns et les autres. Les parentés, en particulier chez les Seneca-Iroquois du Nouveau Monde et les Tamils du sud

grands-parents de celui qui parle, et les enfants des neveux portent toujours le titre de *petits-enfants*.

[1] En effet, si le frère de ma mère est devenu mon *oncle*, la sœur de ma mère demeure toujours, comme jadis, ma *mère*, et si la sœur de mon père est passée au rang de tante, le frère de mon père continue à se confondre avec mon *père*. Les fils de mon oncle et de ma tante sont bien désormais mes *cousins*; mais ceux du frère de mon père ou de la sœur de ma mère sont toujours mes *frères* et *sœurs*; d'où suit que la nature de ce système ne permet pas aux liens de la consanguinité de se perdre dans les lignes collatérales, et que les descendants d'un couple déterminé ne peuvent jamais dépasser le degré de cousin qui constitue la plus grande divergence dans la parenté.

de l'Inde, semblent même copiées les unes sur les autres : à l'exception d'un degré secondaire[1], elles sont identiques. Aussi M. Morgan classe-t-il les systèmes de famille de l'Amérique et de l'Asie sur une même ligne et les considère-t-il comme issus de la même phase de développement de l'humanité. L'auteur comprend même dans sa division des systèmes touraniens[2], les

[1] Celui d'un homme avec les enfants de son cousin ; Morgan, l. c., p. 486.

[2] Les peuples dravidiens du sud de l'Inde offrent le spécimen le plus complet des systèmes que M. Morgan nomme « *touraniens.* » Leur situation géographique les a préservés longtemps des invasions et leur a permis de conserver sans modifications essentielles, des institutions domestiques qui remontent aux plus vieux jours de l'humanité. Il est à peine nécessaire d'ajouter que nous ne prétendons pas justifier les classifications de M. Morgan et que nous ne le suivrons pas dans la voie obscure des affinités ethniques où il s'aventure ; ainsi, après avoir détaché des races « *touraniennes* » les rameaux « *ougriens et turcs,* » pour en faire la famille « *ouralienne,* » l'auteur incorpore dans la classe touranienne, à côté des Chinois et des Japonais, les Tamils et autres indigènes du sud de l'Inde, et les différentes populations du nord de cette presqu'île parlant le langage Gaura, c'est-à-dire celui des Brahmes ! Chez ces dernières il

Japonais et les Chinois, quoique ces deux peuples aient depuis longtemps développé la *famille* dans le sens étroit du mot, et que chez eux la succession aux biens s'effectue dans la ligne directe. Un Chinois appelle encore les fils de son frère ses *fils*, et ceux de sa sœur ses *neveux*[1]. Il considère tous ses parents comme se trouvant par rapport à lui dans l'un des degrés suivants : père, mère, frère, sœur, fils ou fille — mais, tandis que le père, le frère et le fils véritables d'un homme reçoivent l'appellation pure et simple de *père*, *frère* ou *fils*, sans autre désignation, les autres pères, frères et fils se voient distingués à l'aide d'une épithète qui signifie « classe » — et l'on dit : « classe-père » — « classe-frère » — « classe-fils » — c'est-à-dire : « celui qui est dans la classe du père, dans celle du frère, ou celle du fils[2]. »

croit retrouver des traces évidentes d'un ancien système de parentés par promotions dissimulées sous des éléments d'importation aryenne. *Morgan*, l. c., IIIme partie, p. 385.

[1] *Morg*. l. c. 416, 417.

[2] Ibid. p. 422, note. Le mot traduit par l'expression « classe » varie suivant les personnes désignées.

M. Morgan pense même que le premier système de parenté des Chinois a été analogue à celui des Hawaïens ; un ancien auteur du Céleste-Empire s'exprime en effet en ces termes: « Tous les hommes qui viennent au monde ont neuf degrés de parenté : ma propre génération forme le premier; puis viennent celui de mon père, de mon grand-père, du père de mon grand-père, et du grand-père de mon grand-père; au-dessous de moi viennent la génération de mon fils, celles de mon petit-fils, du fils de ce dernier et de son petit-fils. Tous ceux d'une même génération sont frères entre eux[1]. »

[1] *Morgan*, l. c. p. 425, note. — Les auteurs de l'Antiquité classique ont-ils eu connaissance de cette parenté par couches de générations? On pourrait le présumer d'après le célèbre passage de Platon dans sa République, V, p. 457 c. (voir le tome IX, p. 278, de l'édition de Cousin, Paris, 1833). Platon veut que les Gardiens de sa République vivent en commun dans les mêmes cabanes, sans propriété individuelle et sans familles distinctes. Tous les gardiens mâles et femelles ne formeront qu'une seule et même famille. Les plus âgés seront les pères et mères de

Ces systèmes de nomenclature, malgré leur complication, ne sont pas purement théoriques, mais entrent au contraire dans la pratique journalière de la population en Asie et en Amérique. Chaque membre de la tribu est tenu par les mœurs de connaître exactement son degré de parenté avec tous les autres membres ; chez les Peaux-Rouges, Tamils, Telugus, Chinois, Fidjiens, Esquimaux, chacun salue son voisin par son titre de parenté, et non pas en l'interpellant par son nom propre[1]. Si deux hommes ne

tous les jeunes : les jeunes seront fils et filles de tous les anciens; tous ceux du même âge seront entre eux frères et sœurs, et enfin, lorsqu'ils auront atteint l'âge fixé par Platon pour le connubium, ils seront tous maris et femmes les uns des autres. — Nicolas de Damas (*Müller*, Fr. hist., gr. 3,460) sait que « les Galactophages nomment tous les « hommes âgés du nom de *pères*, tous les jeunes, *fils*, et « tous ceux du même âge, *frères;* ils possèdent en com- « mun leurs biens et leurs femmes. »

[1] En plusieurs nations indiennes de l'Amérique, un homme reçoit un *milk-name* (nom de lait) pendant sa jeunesse, un autre pendant son âge mûr, et un troisième pour sa vieillesse ; son nom de famille — c'est-à-dire celui de

sont pas parents, ils se saluent par le terme d'ami.

Cette règle ne souffre pas d'exception parmi les Indiens américains : ils tiennent pour une insulte grave toute dérogation à cette antique coutume. Dans l'Hindoustan également, le plus jeune doit toujours saluer le plus âgé par la désignation du degré de parenté.

C'est suivant toute probabilité à cet usage que l'institution surannée de ces systèmes de

sa tribu — demeure seul immuable. Parmi les Chinois on change également le nom propre de l'individu à différentes périodes de son existence; chez eux l'enfant en bas âge a son milk-name; lorsqu'il fréquente l'école il en prend un autre, qu'on lui change enfin lorsqu'il arrive à puberté ou qu'il se marie. Les Japonais ont un pareil usage, quoiqu'il ne soit pas rare de voir chez eux un homme conserver le même nom pendant toute sa vie (Voyez *Morg.* l. c. 133, 425, 428). La coutume des noms propres individuels n'a dû se généraliser qu'au sein d'une civilisation relativement avancée : à l'origine, l'individu n'a aucune valeur par lui-même; il fait partie indistincte d'une masse humaine, d'une tribu qui seule a un nom, et il est déjà très-tard dans l'histoire, lorsqu'on voit l'individu en possession d'une désignation individuelle, d'un *prænomen*.

nomenclature aussi incommodes qu'artificiels, doit de s'être perpétuée longtemps après que sa raison d'être avait disparu : chacun étant obligé d'apprendre dès l'enfance le tableau des rapports de parenté qui le lient aux membres de son village et de sa tribu, cette obligation maintient dans le commerce ordinaire du peuple la connaissance courante de ce dédale de consanguinités fictives. Dans la majeure partie des nations que nous venons d'énumérer, en particulier chez les Peaux-Rouges, cette classification des parentés est purement arbitraire et quelquefois même contraire à l'ordre de la famille et des successions, puisque chez presque tous les Barbares le mariage entre simples couples est en pratique depuis de longs siècles.

On devrait donc à ce point de vue considérer la routine de ces nomenclatures factices comme un legs onéreux du passé (et ce ne serait pas, dans l'histoire de l'esprit humain, le seul exemple d'une empreinte fossile transmise inutilement de génération en génération), si leur structure organique n'avait pendant longtemps justifié leur emploi persistant, même après l'avénement de la famille patriarcale. Le système de la consanguinité par grandes classes, organisant la parenté sur la base du *nombre*, une grande parenté a dû offrir dans les temps primitifs l'équivalent d'une protection nationale ou d'une force politique ; de nos jours encore, un individu chez les peuples barbares n'est respecté qu'en raison de l'étendue de sa parenté : plus ses « parents » sont nombreux, pour venger ses griefs, plus efficacement ses droits et sa personne se trouvent protégés. L'intérêt a donc pu engager les Barbares à laisser subsister un système qui organisait la famille sur la plus grande échelle possible de parents ou défenseurs.

L'organisation de la Tribu n'a évidemment pu s'effectuer subitement à une heure déterminée et doit avoir requis siècles sur siècles avant de prendre le caractère d'une institution permanente. En admettant que l'exogamie ait été l'*unique* principe organique de cette forme de société — ce qui n'est pas absolument démontré — il faudrait reconnaître à l'institution de la tribu la portée d'un grand mouvement réformateur dans l'humanité primitive, et attribuer à l'exogamie la valeur d'un principe civil et moral, puisqu'en créant la nécessité de rechercher des alliances hors de la communauté de parents, cette loi imposa une certaine restriction aux unions incestueuses. Impuissante par elle-même à détruire radicalement la promiscuité, l'exogamie la condamnait cependant dans quelques-unes de ses manifestations : elle fut donc un progrès considérable, un premier pas dans la voie du mariage et de la famille dans le sens moderne du mot.

C'est, suivant toute probabilité, pendant les périodes contemporaines de l'organisation de la tribu que s'est développée la notion de l'inceste, et nous ajouterons à l'appui des idées de MM. Mac Lennan et Morgan, que les tentatives faites par l'homme ancien pour sortir de la promiscuité se révèlent par toute une série de coutumes qui manifestent d'une manière sensible la réprobation des unions entre proches parents.

A Ceylan, par exemple, il est encore interdit à un père de regarder sa fille dès qu'elle a atteint l'âge de puberté, et semblable défense est imposée à la mère à l'égard de son fils. En Asie, chez les Mongols, en Afrique, chez les Barea et les Bassoutos, la bru est obligée de se cacher en présence de son beau-père. Parmi les Arawaks de l'Amérique du Sud, un gendre ne peut regarder sa belle-mère, et, s'ils vivent dans la même maison, on élève une séparation entre eux. Chez les Bazes, les Ashantis et les Cafres, chez les Peaux-Rouges, une belle-mère ne peut ni regarder en face son gendre, ni prononcer son nom; lorsqu'elle le rencontre, elle se couvre le visage. Aux îles Fidji, les frères et sœurs, les cousins germains, les beaux-pères et leurs brus, les belles-mères et leurs gendres, les beaux-frères et belles-sœurs, ne peuvent ni se parler ni manger ensemble. Des coutumes analogues se retrouvent en certaines parties de l'Australie, dans l'Inde, chez les Dayaks de Bornéo, et chez les Braknas de l'Afrique occidentale.

La sévérité de pareilles défenses ne peut s'expliquer que comme une réaction contre l'ancienne promiscuité qui avait jeté de si profondes racines.

Rien toutefois n'indique que l'exogamie ait été provoquée par l'horreur de l'inceste : on a plutôt lieu de présumer que dans la suite des temps on a élevé au rang de loi morale ce qui n'avait été au début qu'une nécessité [1].

[1] Convient-il de rechercher, avec M. M'Lennan, le point de départ de cette loi morale dans l'observation de l'influence heureuse des croisements, — « fait d'histoire naturelle, dit-il, exploité par tous les éleveurs de troupeaux? » Cette loi, généralement acceptée, est-elle incontestable dans ses applications à l'homme ? On a cru, par exemple, observer chez certaines peuplades nègres que les liaisons entre proches parents étaient loin de nuire à l'excellence des produits. M. Morgan (Smiths. Contrib. l. c., p. 207,

M. Mac Lennan attribue l'origine de la coutume de l'exogamie à la rareté effective des femmes dans les populations primitives, où le défaut de balance entre les deux sexes contraignit les hommes à se procurer hors de la tribu le nombre de femmes nécessaire. L'infanticide des individus féminins a été, pense-t-il, aux

note) prétend que dans la plupart des populations américaines le *demi-sang* (half-blood) est, physiquement et mentalement, *inférieur* à l'Indien pur sang. (Cependant le second croisement, $^3/_4$ d'Indien et $^1/_4$ Européen, est en progrès sur le natif pur : $^3/_4$ de blanc et $^1/_4$ d'indien donne un produit approchant de très-près l'ancêtre blanc — approximating to equality with the white ancestor.)

Nous ne saurions affirmer avec M. M' Lennan que la supériorité des enfants nés de mariages exogames, sur ceux issus de proches parents, ait été un fait évident, ni surtout, s'il est vrai qu'il ait été observé de bonne heure, et peut-être faut-il demander à d'autres causes physiologiques la raison de la prépondérance physique et intellectuelle de certaines races. La science dans ces questions de croisements ne saurait être encore considérée comme fondée. La physiologie comparée apporte autant de preuves dans un sens que l'étude des familles humaines en fournit dans le sens contraire...

époques sauvages pratiqué sur une large échelle, par la raison que les femmes ne pouvaient être au sein d'une horde qu'une source de faiblesse, un appât pour les peuplades voisines, excitées à enlever des jeunes filles nubiles chez leurs ennemis, plutôt qu'à les élever pour leur propre compte.

On hésite de prime abord à accepter l'hypothèse de M. Mac Lennan sur les causes qui ont généralisé la coutume de l'exogamie, car s'il fallait admettre que les hordes sauvages eussent sacrifié leurs filles[1] pour ne pas éveiller la con-

[1] Il est possible que l'*infanticide des filles* ait été déterminé par la pauvreté dans les populations primitives. Chez les Todas du sud de l'Inde cet usage a été observé de temps immémorial, et n'a pris fin que récemment, grâce aux efforts de l'administration anglaise. (*W. Marshall*, The Todas of South India, Lond., 1873, p. 110, 111, 194.) Les Todas ne conservaient qu'une fille ou deux par famille; toutes les autres étaient sacrifiées. Le colonel Marshall prétend que la pratique régulière de l'infanticide des nouveau-nés féminins, pendant une longue série de siècles, s'est imprimée dans le caractère physiologique de cette population; « la tendance à procréer des mâles a fini par

voitise des voisins, le même motif eût également poussé les hordes rivales à détruire leurs nou-

devenir une caractéristique fixe des Todas et par former une variété d'hommes produisant spécialement des individus du sexe masculin. » Actuellement, chez eux, les hommes sont aux femmes dans la proportion de 100 à 75. Un vieux Toda, interrogé par l'auteur, lui disait que, dans sa jeunesse, c'était la coutume de tuer les filles. « Je ne sais pas, ajoutait le vieillard, si c'était juste ou non; mais nous ne pouvions pas entretenir nos enfants; aujourd'hui chacun de nous possède un manteau, mais autrefois nous n'en avions qu'un pour toute la famille, et celui qui avait à sortir prenait le manteau; les autres restaient tout nus à la maison. »

« ... En Chine, dit M. Hübner (Promenade autour du Monde, 1871, II, 448) jamais on n'expose les enfants mâles à moins que la misère, l'impossibilité absolue de les nourrir n'y contraignent leur père. Les filles considérées comme une charge sont jetées dans la rue ou dans la rivière, ou bien enterrées vives. Il est même des gens aisés qui s'en débarrassent de cette manière. » — En Amérique, dit le P. Gumilla, les femmes indiennes de l'Orénoque sentent si vivement la malheureuse condition de leur sexe, qu'elles font mourir leurs filles en leur coupant de trop près le cordon ombilical. — Une vieille légende arabe rapporte que « jadis, lorsqu'on annonçait à un homme la naissance d'une fille, sa figure se rembrunissait comme un ciel orageux, et veau-nés féminins, et rendu dès lors impossible l'exercice à peu près universel du rapt ou de l'exogamie.

que pour lui éviter les malheurs attachés à la condition des femmes, le plus souvent il la sacrifiait, à moins qu'elle ne fût rachetée par le sacrifice de deux chamelles pleines et d'un chameau » (Daumas, Grand Désert, p. 321, Paris, 1848). Ailleurs, comme aux îles Fidji, l'infanticide des filles est pratiqué sous le prétexte qu'elles sont inutiles en guerre. Dans le pays de Koutsch et le Guzarate, cet usage existe encore dans les familles régnantes, et les Anglais ont eu fréquemment à le combattre parmi les populations indigènes de l'Inde ; en 1849, le colonel Mac-Culloch observa dans un village des Phweelongmai, sur la frontière est de l'Inde, qu'il ne s'y trouvait pas un seul enfant du sexe féminin. L'infanticide est encore de nos jours une des coutumes les plus répandues chez les peuples sauvages : quelques-uns, comme les Khonds de l'Inde, l'ont érigé en précepte religieux. Dans l'île de Formosa il n'est point permis aux femmes d'avoir des enfants avant l'âge de 36 ans, et des prêtresses procèdent impitoyablement à l'avortement en piétinant le ventre de toute femme enceinte avant l'âge réglementaire. Aux îles de la Société existait jusqu'à ces dernières années, une association connue sous le nom des Areoi, dont le but principal était l'infanticide, et actuellement encore aux îles Sandwich cette coutume met les $^2/_3$

Quelle que soit la raison qui ait donné naissance à cet usage, le rapt ou l'enlèvement des femmes par la violence a eu dans les temps reculés la valeur d'une institution parfaitement régulière pour acquérir des épouses, et a été aux époques anciennes si général que l'on peut présumer qu'il a été imposé par la *nécessité* de se procurer des femmes hors de la tribu; sans cette nécessité, les hommes n'eussent pas été chercher des femmes chez leurs ennemis au péril de leurs jours. Le rapt se pratique encore dans toute sa brutalité en Australie, dans la Nouvelle-Zélande, sur plusieurs îles du Paci-

des naissances en coupe réglée. Le missionnaire W. Ellis, dans son voyage aux îles Sandwich, affirme que la mère étrangle souvent son nouveau-né, ou l'enterre vivant s'il la fatigue de ses cris : en général, on tue les enfants dans la première année de leur existence, mais parfois aussi lorsqu'ils ont déjà atteint l'âge de quatre ans. — En Afrique également, d'après Munzinger, l'infanticide n'est pas considéré comme un crime; personne ne s'en préoccupe, car la mère est supposée connaître mieux que qui que ce soit son propre intérêt.

fique et dans l'Amérique du Sud [1]. Et l'on doit admettre que lorsque chez un peuple le symbole du rapt fait partie intégrante des cérémonies du mariage, la coutume réelle du rapt a antérieurement prévalu — ce qui lui assigne dans l'antiquité une zone des plus étendues : l'enlèvement simulé de la fiancée s'observe en effet dans l'Inde, dans l'intérieur de l'Asie, chez les Malais, en Afrique, et enfin chez les anciens Grecs et Romains. Nous verrons plus loin que ces derniers peuples ont dû être exogames : non-seulement ils avaient conservé le souvenir du rapt dans leurs cérémonies matrimoniales, mais encore la composition de leurs communautés civiles et politiques ne peut s'expliquer que par la double opération, dans les temps reculés, de l'exogamie et de la parenté par les femmes.

[1] Chez les Guayeureus du Brésil et les Caraïbes cet usage importe souvent dans une population une telle quantité de femmes étrangères, que les hommes et les femmes d'une tribu ne parlent pas la même langue et ne communiquent que par signes.

NOTE DE LA PAGE 112

En interrogeant un individu sur ses relations de parenté avec les principaux membres de sa famille, voici les réponses qu'obtiendra un Européen dans la plupart des tribus :

Le frère de mon père est mon *père ;*	La sœur de mon père est ma *tante;*
Son fils et sa fille sont mon *frère* et ma *sœur;*	Son fils et sa fille sont mes *cousin* et *cousine;*
Les enfants de ce frère « collatéral » sont mes *fils et* mes *filles;*	Le fils de mon cousin est mon *fils;*
Mais ceux de cette sœur collatérale sont mon *neveu et* ma *nièce ;*	Mais celui de ma cousine est mon *neveu.*
— Les enfants de ce « fils » et de cette « fille, » ainsi que ceux de ce « neveu » et de cette « nièce » sont mes *petits-enfants.*	Les enfants de ce « fils » et de ce « neveu » sont mes *petits-enfants.*
Le frère de ma mère est mon *oncle;*	La sœur de ma mère est ma *mère;*
Son fils, mon *cousin*.... etc., ut supra.	Son fils et sa fille, mon *frère* et ma *sœur*.. etc., ut supra.

Les degrés ascendants offrent la contre-partie de ce tableau; l'Indien dira :

Le frère de mon grand-père est mon *grand-père;*	La sœur de mon grand-père est ma *grand'mère;*
Son fils est mon *père;*	Sa fille est ma *tante;*
Le fils et la fille de ce «père» sont mon *frère* et ma *sœur;*	Les enfants de cette «tante» sont mes *cousins;*
Le fils de ce «frère» est mon *fils;*	Le fils de mon cousin est mon *fils;*
Le fils de cette « sœur » est mon *neveu;*	Le fils de ma cousine — mon *neveu.*
Le frère de ma grand'mère est mon *grand-père;*	La sœur de ma grand'mère est ma *grand'mère;*
Son fils, mon *oncle;*	Sa fille — ma *mère;*
Les enfants de cet « oncle » mes *cousins*... etc.	Les enfants de cette « mère, » mes *frères* et *sœurs*, etc.

Si l'on adresse à la femme de l'Indien, interrogé plus haut, les mêmes questions qu'à son mari, voici le tableau qu'elle tracera de ses relations de parenté avec les mêmes individus :

Le frère de mon père est mon *père;*	La sœur de mon père est ma *tante;*
Son fils et sa fille sont mon *frère* et ma *sœur;*	Son fils et sa fille — mes *cousins;*
Les enfants de ce frère sont mes *neveux;*	Le fils de mon cousin — mon *neveu;*
Ceux de ma sœur, mon *fils* et ma *fille;*	Le fils de ma cousine — mon *fils;*
— Les enfants de ce « fils » et de ces neveux sont mes *petits-enfants.*	— Les enfants de ce « fils » et de ces « neveux » sont mes *petits-enfants.*

Le frère de ma mère est mon *oncle;*	La sœur de ma mère est ma *mère ;*
Son fils — mon *cousin*... etc.	Son fils et sa fille — mon *frère* et ma *sœur*, etc.

Quant aux degrés ascendants, l'Indienne intervertira, comme elle l'a fait pour les degrés inférieurs, les relations indiquées par son mari. — Désireux, comme on le comprend, d'éviter au lecteur les détails arides de cet inextricable labyrinthe des parentés — (M. Morgan cite environ 268 termes de parentés en usage dans 70 tribus peaux-rouges) — nous nous bornons à l'indication sommaire des traits généraux de la famille indienne. De tribu en tribu d'ailleurs, la nomenclature présente des modifications partielles : chaque groupe de population a réalisé pour son propre compte et suivant les conditions particulières de son histoire des progrès partiels sur tel ou tel degré de parenté. Dans les tribus les plus rapprochées, la nomenclature varie souvent à tel point que l'on rencontre au milieu de la même peuplade différents degrés de parenté appliqués à la même personne sans nécessité. M. Morgan a plusieurs fois fait l'expérience personnelle de cette confusion en interrogeant les Peaux-Rouges ; une femme, par exemple, en se mariant, apporte dans la tribu de son mari les notions de parenté qu'elle a puisées dans sa propre tribu, et ne reconnaît pas toujours les mêmes degrés d'affinité que les membres de la tribu de son époux assignent à certaines personnes.

CHAPITRE III

§ 1.

Les deux sortes de tribus : influence du régime de la propriété sur l'organisation des parentés.

Les deux formes de tribu que nous avons signalées dans le chapitre précédent, — l'une à généalogie féminine, l'autre à descendance masculine, — ne paraissent pas appartenir à la même phase de développement primitif, et l'organisation de ces tribus semble avoir été, dans l'ordre des temps, plutôt successive que contemporaine.

En effet, si la vie en communisme a été réellement la première forme de société connue par le genre humain, il est à croire qu'au sortir de l'état de promiscuité, la relation créée par le cordon ombilical entre la mère et l'enfant a seule pu conduire à la notion de la *parenté individuelle*. Sans cette notion, la tribu n'aurait pu se constituer, puisque son principe organique suppose la reconnaissance de liens de parenté entre l'enfant et tels individus définis.

L'apparition de ce sentiment de la parenté individuelle, ne peut dater que de l'époque à laquelle les conditions d'existence permirent à certains groupes de se constituer au sein de la horde, d'y vivre d'une vie particulière, et, malgré l'absence de tout document sur ces époques reculées, nous pouvons présumer que les individus qui, dans ces groupes, avaient reçu le jour d'une même mère, durent se reconnaître comme plus spécialement parents les uns des autres : dès que le sentiment de la parenté par les femmes fut entré dans les mœurs générales d'une population, la horde put s'organiser en tribu sur le principe de l'exogamie.

Si cette conjecture est fondée, on admettra que la notion de la *parenté individuelle* ne concerna, à sa première origine, que les individus rattachés entre eux par la naissance maternelle, et, par conséquent, que les *premières tribus se sont organisées sous l'empire de la parenté par les femmes*. La filiation par les mâles, reposant sur une fiction, c'est-à-dire sur une abstraction, suppose que le sentiment de la parenté individuelle avait pris rang depuis assez longtemps dans l'esprit humain : il fallait, avant de s'élever à cette abstraction, que l'idée des relations de consanguinité qui relient les divers membres d'un groupe de familles, fût passée à l'état d'idée simple et facile.

Les insulaires hawaïens nous offrent d'ailleurs un exemple de la façon dont a pu s'opérer le passage de la vie communiste (parenté générale ou par promotions) à la vie de famille (parenté individuelle) : chez eux la transition s'est, en effet, effectuée par la voie de la *parenté maternelle*. Ces indigènes, parmi lesquels autrefois l'individu se rattachait à la horde entière au nom d'une consanguinité générale, s'étaient, au siècle dernier déjà, organisés sur le principe de la parenté par les femmes [1], — et peut-être, sans l'arrivée des Européens, fussent-ils parvenus d'eux-mêmes, en dernier lieu, à la filiation masculine, comme les naturels des îles Tonga, qui passent en ce moment de la parenté par les femmes à la parenté par les mâles [2].

Les causes qui ont provoqué la création de groupes de familles distinctes au milieu de la horde, paraissent se rattacher à un accroissement de la richesse générale. L'introduction ou la découverte d'une céréale, la domestication ou le croisement d'une nouvelle espèce animale ont pu être des raisons suffisantes de la transformation radicale d'une société sauvage : tous les grands progrès en civilisation ont toujours coïncidé avec de profondes modi-

[1] *De Varigny*, p. 14, 14 ans aux îles Sandwich. Paris, 1874.

[2] *Erskine*, Islands of the western Pacific. London, 1853.

fications dans la situation économique d'une population.

Parmi les révolutions les plus importantes de l'humanité barbare, se place en première ligne la transition de la vie nomade à la vie sédentaire. Sur les grands continents, cette condition nouvelle a dû essentiellement contribuer à l'établissement de ces groupes distincts, et, bien que la notion de parenté individuelle ait pu prendre naissance pendant la période nomade, ce sentiment a dû se manifester avec plus d'énergie, lorsque la horde, en se fixant, cessa de composer un troupeau aussi dense et aussi compacte qu'aux époques errantes.

Les groupes s'écartèrent peu à peu les uns des autres dans le même district, s'attribuèrent avec plus ou moins de durée l'usage spécial de telle partie du sol; des enclos ou des maisons distinctes se formèrent, et le sentiment d'une propriété plus restreinte commença à pénétrer dans les communautés humaines. La transition de la vie nomade à la vie sédentaire, en encourageant la formation de familles particulières, tendit donc à diminuer l'amplitude des parentés primitives, en invitant les groupes sédentaires à reconnaître un nombre toujours moindre d'individus comme aptes à succéder aux droits de propriété. De tout temps, l'instinct naturel a poussé l'homme à restreindre le nombre de ses copartageants, et à rompre graduellement avec le communisme. Aussi, sous l'influence heureuse d'une amélioration dans les conditions économiques et d'une augmentation de sécurité, le cercle des possesseurs ou parents devint-il toujours plus étroit. Peu à peu les grands clans de parents par les femmes se scindèrent en plus petits groupes, et, enfin, survint une ère dans laquelle certains de ces groupes séparés purent faire assez respecter leur droit de propriété particulière, pour se permettre de modifier le droit de succession des âges précédents et, avec lui, l'organisation des parentés.

Cependant ces diverses transformations durent s'effectuer avec la plus extrême lenteur : chacune d'elles, chez les peuples barbares, est marquée par une lutte entre l'ancien droit de propriété et une forme nouvelle de la possession, c'est-à-dire une lutte de principes. Tout progrès social, toute notion morale supérieure, s'accusent chez eux comme le résultat d'une amélioration introduite dans le régime de la propriété. La transition des institutions de la parenté féminine à celles de la parenté masculine, paraît, en particulier, avoir été signalée par un conflit de nature juridique sur le terrain du droit de propriété.

---

§ 2.

Le sentiment de la paternité ; premières manifestations de la filiation par les mâles; influence du droit de propriété.

On ne saurait guère rechercher l'origine de la filiation par les mâles dans le sentiment de la paternité, que rien n'indique comme inné chez l'homme primitif. Cette notion semble, au contraire, n'avoir germé que lentement dans l'esprit humain, comme une conséquence tardive du droit de propriété.

Les premières relations qu'on observe, chez les peuples barbares, entre le père et le fils, sont celles de maître à esclave : les rapports entre eux ne sont déterminés ni par l'amour réciproque, ni par des principes éthiques conscients, — mais uniquement par des mobiles d'intérêt égoïste, et reposent principalement sur la force brutale ou la supériorité physique. Lorsque nous voyons l'homme barbare revendiquer la paternité d'un enfant, ce ne sont pas des motifs de l'ordre moral ou affectif qui le font agir, mais un vulgaire désir d'acquisition, et l'on peut affirmer d'une manière générale que chez les peuples non-civilisés les enfants ne sont estimés qu'autant qu'ils offrent pour les parents une richesse, soit comme travailleurs, soit comme valeur négociable.

Sur toute la Côte d'Or d'Afrique, la paternité ne s'accuse que sous les traits d'une opération commerciale ; on fait des enfants pour les revendre [1].

[1] Chez les Fantis de la côte de Guinée, les riches prennent autant de femmes qu'ils en peuvent nourrir, afin d'obtenir un nombreux troupeau d'enfants dont ils font ensuite un commerce étendu et lucratif. Lorsqu'une femme quitte son mari sans motifs plausibles et emmène les enfants avec elle, elle doit restituer à son mari toutes les dépenses qu'il

Et si l'on observe les peuplades les moins civilisées, on remarque que l'hostilité y est habituelle entre le père et ses enfants. Chez les nègres, c'est le plus souvent une haine déclarée : « La première enfance passée, écrit Burton, le père et le fils deviennent généralement ennemis à la manière des animaux sauvages. » Sur la côte de Guinée rien n'est plus ordinaire que de voir le père faire lui-même la traite de ses enfants, qui, en conséquence, s'appliquent à le fuir dès leur jeunesse ; mais, parviennent-ils à lui dresser une embuscade et à s'en emparer, ils s'empressent de conduire l'auteur de leurs jours au prochain comptoir européen, et de le vendre avec une joie peu dissimulée.

a faites pour elle, entre autres 4 ackies 1/2 (22 shillings 6 pence) pour chacun des enfants qu'il a pris la peine de lui faire. *Brodie Cruikshank*, membre du corps législatif de Cape Coast Castle, Un séjour de 18 ans sur la côte d'Or d'Afrique, trad. de l'anglais, Leipzig, Dyk'sche Buchhandlung, sine anno.

L'amour entre le père et les enfants paraît donc plutôt une conquête de la civilisation qu'un immuable phénomène de l'histoire naturelle du genre humain [1], et le sentiment de la paternité, destiné à devenir un jour si élevé, a eu pour point de départ une origine intéressée.

Chez la plupart des peuples non civilisés, la filiation par les mâles et la notion de paternité ne se manifestent, en effet, qu'après les premiers témoignages de la constitution d'une propriété distincte, en dehors de la propriété communiste. Elles se montrent comme les con-

[1] *M. Layland* rapporte de certaines peuplades du sud de l'Afrique (dans les montagnes qui se trouvent au-dessus de Thaba Bisago) que les indigènes, pour se défaire des lions qui les inquiètent, construisent de grandes trappes en pierres : *ils amorcent ces piéges avec leurs propres enfants*, dont les gémissements attirent les lions ; la vie de l'enfant est presque toujours sacrifiée. (« There is an old woman living near Thaba Bisago, who told me that she had in the days of her childhood been the bait of a lion-trap ; fortunately for her the lions did not enter the trap in which she was placed. ») Journal of Ethnol. Soc. London, 1869, vol. 1, p. 79 ; Cave Cannibals of South-Africa.

séquences de ces tentatives de séparatisme, et, si le sentiment de la consanguinité a pu ou dû parfois les suggérer, elles ne se sont néanmoins traduites sous forme d'institutions positives que sous l'empire de considérations économiques.

L'organisation de la famille masculine semble avoir été presqu'universellement sollicitée par l'action d'une force aussi simple que brutale, et multiple dans ses manifestations, — *celle du droit de propriété*.

Toutefois, loin d'être simple à sa première apparition, l'institution de la parenté par les mâles se présente sous une forme assez complexe, et ses origines constituent encore un des problèmes non résolus de l'histoire primitive.

Le système de la parenté par les femmes, fondé sur la donnée physique, palpable, du cordon ombilical, porte, avons-nous dit plus haut, le caractère d'une nécessité naturelle : il est d'une évidence obligatoire. A la base du système de la parenté par les mâles, nous apercevons, au contraire, une reconnaissance arbitraire des liens de la consanguinité, un acte réfléchi et volontaire : un enfant ne peut pas ne pas être le fils de telle femme, mais il peut être celui de tel homme ou de tel autre. De là découle que, si l'organisation des parentés utérines se présente à nous comme une institution de droit naturel, la filiation par les mâles apparaît dans l'histoire comme une institution de droit civil. Cette distinction suffit à indiquer que cette dernière institution n'a pu se développer que graduellement et sans uniformité, suivant le génie social de chaque race. Aussi, avant d'atteindre le type de la famille patriarcale proprement dite, le genre humain paraît-il avoir fait l'essai de plusieurs formes sociales transitoires, qui, pour la plupart, n'ont pas laissé de traces et dont la mémoire a péri avec l'histoire non écrite des premiers âges.

Certains indices donnent à penser que l'institution de la filiation par les mâles a fait son apparition dans les fastes du genre humain, indépendamment de toute paternité définie ou personnelle, aux époques critiques où l'homme se voyait encore condamné à partager avec plusieurs compagnons une propriété difficile à défendre.

Chez les Thibétains, en particulier, et chez les Todas des Nilguerries (Inde méridionale) la filiation se transmet par les mâles, sans toutefois que le fils puisse désigner son véritable père. Parmi ces peuples, en effet, règne, en qualité d'institution nationale, *la polyandrie entre frères*, c'est-à-dire l'union de plusieurs frères avec la même femme [1].

Chez les premiers, les enfants, ainsi que le reste des biens, sont attribués au propriétaire et chef de la communauté, à l'aîné des frères :

[1] « Quand un homme n'a pas de frères, il s'associe avec d'autres hommes, et c'est alors seulement qu'il peut trouver à se marier, autrement il resterait célibataire jusqu'à la fin de ses jours. » (*Abel de Rémusat*, Nouv. Mél. asiat., p. 245, Paris, 1829.)

parmi les Todas, on assigne généralement le premier-né à l'aîné des maris, le second au cadet, et ainsi de suite, sans aucun souci de la vérité d'origine. C'est-à-dire que, dans les deux cas, l'acte générateur, d'où devrait, à nos yeux, dériver l'attribution de paternité, n'est qu'un phénomène accessoire, — la paternité y est déterminée par la distribution de la propriété. Il a suffi d'un sentiment général de consanguinité entre les pères et les fils pour établir chez ces peuples la filiation par les mâles : l'identité du sang des enfants avec celui des maris a conduit de bonne heure à reconnaître formellement la parenté des uns avec les autres, mais quant aux rapports mêmes de *paternité*, on ne peut en découvrir l'origine que dans la constitution de la propriété.

(Cette forme de société conjugale — la polyandrie — doit avoir été, si l'on en juge par les traces nombreuses qu'elle a laissées, sinon générale, du moins fort répandue dans les époques anciennes. Elle domine encore de nos jours en différentes parties de l'Asie, au Thibet, dans la Bouckharie, dans toute la région de l'Himalaya, au Kachemire, et parmi plusieurs populations dravidiennes de l'Inde, en particulier sur la côte du Malabar, dans les montagnes de Ceylan et le long des Ghâts; enfin, à la Nouvelle-Zélande et aux îles Aléoutiennes. Les Aryas, lors de leur arrivée dans l'Inde, ont pu ne pas être étrangers à la polyandrie : les principaux héros du Mahabharata, les cinq frères Pandava, épousèrent en commun la « belle Draâupadi, aux yeux couleur du lotus bleu [1]. » César signale la polyandrie chez les anciens Bretons [2]. Les groupes polyandres paraissent le plus ordinairement n'avoir possédé qu'une seule femme. Lorsque, dans ces ménages, les maris n'étaient reliés entre eux par aucun lien de parenté, ainsi que chez les Naïrs du Malabar, le système de filiation par les fem-

[1] *Mahabh.* II, 148, trad. Fauche.
[2] *De Bell. Gall*, V, 14.

mes continua à prévaloir. On retrouve même des traces de la parenté utérine chez les Todas [1].)

Cette influence du droit de propriété s'aperçoit également chez les anciens Aryas, et la notion de *paternité* pourrait bien ne s'être développée parmi nos ancêtres que comme un corollaire du droit de propriété. Chez eux, le

[1] *W. Marshall*, The Todas of South India, Lond. 1873, p. 132-133. Sur la polyandrie en général, voyez M' Lennan, l. c.; le Journ. of. Ethnol. Soc. London 1869, p. 119, et l'intéressant ouvrage du colonel Marshall, cité plus haut. M. Mac Lennan considère la pratique du Lévirat, ou obligation faite au frère du défunt d'épouser sa veuve, comme une dernière trace de polyandrie. Le Lévirat se rencontre chez les Hindous (Instit. de Menu, c. III, § 173; IV, 57-58, 182; Asiatic Res. III, 35); chez les Hébreux (Deutéron. XXV, 5-11; Ruth I, 11-13); parmi les Druses et les Arabes de Syrie, les Mongols, les Ostiaks, les Tcherkesses, etc. (Latham, Descr. ethnol I, 312, 346, 455; II, 463; Mac Lennan, l. c. 178-207); chez les Malais de Sumatra, lorsque le mariage a été fait par *Joojoor*, c'est-à-dire que la femme a été achetée; chez plusieurs peuplades de l'Afrique, du Brésil, de la Nouvelle-Calédonie, des Carolines, etc.

pater n'est pas spécialement celui qui a donné naissance ; ce terme désigne avant tout le propriétaire : à côté du mot *père*, les Aryas en possédaient un autre pour désigner le *générateur* (ganitar). Le père comme générateur était appelé en sanscrit *ganitar*, et comme propriétaire, *pitàr*. Aussi, pour rendre l'idée complète, les Védas emploient-ils accolés les deux termes de « propriétaire-engendreur » *(pitâganitâ*, pater genitor)[1]. — Lorsque l'institution

[1] *Rig-Véda*, I, 166, 33. *Max Müller*, Mythol. Compar. trad. Perrot, p. 29. Paris, 1873. — Les philologues font généralement dériver le mot *pater*, de la racine *Pâ*, qui a le sens de protéger, soutenir, garder, nourrir, défendre, mais nullement celui d'engendrer ; quelques-uns, comme M. Fick (Wœrt. der Indo-germ. Grundsprache, p. 107), l'empruntent à la racine *Pat*, s'emparer : en tout cas, aucun de ces deux radicaux ne contient l'idée de paternité physique. « Les Latins et les Grecs ont emprunté à la langue âryenne primitive les racines *pa* et *pi*, des mots *patir* (maître) et *pitar* (père) ; ils en ont fait un seul mot à double signification πατήρ, pater, et quand les lexiques les ont consignés, on n'a plus vu en eux que le sens de *père*, qui avait prévalu ; on a donc traduit les mots *divûm pater*,

du mariage fut définitivement établie dans les mœurs, le propriétaire étant presqu'invariablement celui qui engendrait, on finit insensiblement par confondre dans le langage usuel ces deux notions, si distinctes à nos yeux, de la propriété et de la paternité.

πατήρ ἄνδρων τε θεῶν τε, par père des dieux et des hommes, sans songer que Zeus, Jupiter n'a guère d'enfants sur l'Olympe, et que, dans la tradition, il n'a pas fait les hommes, mais qu'il a voulu les détruire. » *E. Burnouf*, Essai sur le Véda, p. 61. Paris, 1863.

---

§ 3.

Difficultés qu'a rencontrées l'homme pour fonder la famille paternelle : le droit de propriété du clan maternel.

La véritable paternité semble ne dater que de l'ère à laquelle on commença à tolérer une sorte de propriété individuelle sous la forme du *mariage*. Il était, en effet, nécessaire, pour qu'un homme pût se regarder comme le père de ses enfants, pour qu'il pût leur donner son nom et établir leur filiation d'après leur naissance paternelle, qu'il fût assuré de la propriété exclusive de sa femme pendant un certain temps. Ce genre d'union a pu s'établir de bonne heure parmi certaines races guerrières, au sein desquelles le droit de propriété offrait quelque caractère de stabilité, et qui avaient coutume de tenir renfermées les femmes capturées sur les tribus voisines : pareil usage n'a pu que favoriser la confiance dans la fidélité conjugale et conduire, par suite, assez rapidement au système de la filiation par les mâles.

Mais chez beaucoup de populations, ce régime matrimonial ne paraît pas s'être introduit de vive force et doit son origine à l'achat ou vente de la femme. Or, chez elles les institutions du droit de propriété perpétuèrent longtemps les formes surannées de la famille utérine, et ne permirent que progressivement au mari de se considérer comme le maître incontesté de sa femme et des fruits de cette femme.

Dans la plupart des clans barbares, les individus qui se reconnaissaient comme parents habitaient ordinairement ensemble et possédaient en commun les biens de la famille[1].

[1] Cette résidence séparée à l'intérieur de la horde a souvent servi à distinguer un groupe de parents d'un groupe voisin; l'habitation commune est devenue chez plusieurs peuples le signe apparent d'une consanguinité ; tous ceux qui habitaient ensemble formaient une *maison*, mot qui est même resté dans nos langues comme synonyme de famille.

Les femmes faisaient partie de la propriété de famille, et, à ce titre, devaient rester avec le patrimoine.

Le jour où l'on commença à contracter des alliances avec des étrangers, la famille vendit d'abord un droit d'usage sur la fille, et non la fille elle-même. De nos jours encore, chez bien des peuples, le *mariage* ne donne pas au mari le droit d'emmener sa femme dans sa propre résidence : il est contraint de venir habiter soit la hutte, soit le village de celle qu'il a épousée.

A Sumatra existait même anciennement une forme de mariage, appelée *Ambel-Anak*, aujourd'hui tombée en désuétude, qui rendait un homme et ses descendants la propriété absolue de la famille de sa femme[1]. Le gendre, par am-

[1] *W. Marsden*, History of Sumatra, p. 262. — Si le mari n'a pas de filles de son mariage, il peut quelquefois se racheter en payant le joojoor. S'il a une fille, il lui est plus difficile de se libérer, parce que la famille a également droit sur sa valeur, t. II, p. 46, de la trad. fr. par *Perroud*, Paris, 1788.

bel-anak, occupait une position intermédiaire entre fils et débiteur; il jouissait de tout dans la maison, mais ne possédait rien en propre; la famille pouvait le chasser suivant son bon plaisir et, quoiqu'il eût des enfants, le renvoyer tel qu'il était venu.

Pareilles mœurs conjugales se pratiquent encore chez les Kocchs de l'Inde et à Ceylan, dans le mode de mariage connu sous le nom de *Beena*[1]. Il se peut qu'elles n'aient pas été étrangères autrefois aux Chinois; une des sections du Code pénal du Céleste Empire est consacrée aux « Gendres mis hors de la maison de leurs beaux-pères. » (« Quiconque expulsera de chez lui quelqu'un qu'il aura reçu en qualité de gendre, ou recevra à sa place un autre en la dite qualité, sera puni de cent coups... Si la femme a concouru à cette expulsion, elle recevra le même châtiment[2]. »)

[1] *Mac Lennan*, l. c. 189.

[2] Ta-tsing-Leu-lée, Lois fondamentales du Code pénal de la Chine, traduit du chinois par *G.-Th. Staunton*, Paris, 1812, I, 187, section CIV.

Il y a tout lieu de présumer que les difficultés qui vinrent faire obstacle dans les temps barbares à l'acquisition d'une épouse ont été considérables. Pour acheter une femme il fallait que l'individu, se présentant comme acquéreur, offrît à la famille une valeur correspondant à celle de la femme convoitée, et cette valeur devait être d'autant plus élevée que la population générale était pauvre. Rarement le prétendant se trouvait en situation de fournir, soit en denrées, soit en bétail, le prix exigé; et le plus souvent il ne lui restait d'autre ressource que de payer le prix de sa femme par un temps déterminé de services effectifs ou d'esclavage dans la maison de ses beaux-parents, ainsi que fit Jacob dans celle de Laban. De tous les modes de payement, aucun n'est plus commun parmi les peuples barbares : on le retrouve avec une égale fréquence en Asie, en Afrique et dans les deux Amériques[1].

[1] *Martius*, Ureinwohner Brasiliens, Munich, 1832.

Une forme d'acquisition moins ordinaire consiste dans le

Ailleurs, comme en certaines tribus indiennes de l'Amérique, si le mari n'est pas tenu de séjourner dans la famille de sa femme, et jouit du droit de résider dans sa propre cabane, il est néanmoins en état de véritable servitude à l'égard des parents de son épouse; il leur doit tout ou partie du produit de sa chasse, et n'est délivré de cette onéreuse contribution qu'à la naissance d'une fille. Cette enfant est considérée comme le complément du prix de vente de sa mère, et comme la propriété de l'oncle maternel[1], lequel, souvent, l'épouse dès l'âge de puberté, ainsi que cela se pratique

troc ou échange d'une sœur contre une épouse ; chez les Malais, ce mariage est désigné sous le nom d'*addat-seebaye* (*Marsden*, hist. of Sumatra, l. c.). Le même usage règne parmi quelques peuplades d'Abyssinie, lorsque le mari n'a point de sœur, il part en expédition et va voler une femme en quelque tribu éloignée ; elle lui sert à effectuer le troc. (*H. Salt*, Voyage en Abyss., en 1809 et 1810, Weimar, 1815.)

[1] *Lafitau*, I, 557 et 561.

chez les Reddies du sud de l'Inde[1] et les Ostiaks de l'Asie.

Ce droit de propriété, que l'oncle exerce en qualité de chef de la famille utérine sur l'enfant de sa sœur, n'est pas un fait exceptionnel.

En bien des contrées l'achat d'une femme n'accorde pas au mari la propriété des fruits de cette femme : les enfants, malgré la vente de leur mère, sont encore censés appartenir à la famille de la femme ; le père, pour devenir possesseur de ses propres enfants, doit les *acheter* spécialement aux parents de leur mère et les payer à part. Chez les Makololos en Afrique, le mari donne au beau-père un prix déterminé, dit Livingstone[2], « pour détruire le droit de ce dernier à conserver les enfants que sa fille mettra au monde. » Sans cette précau-

[1] *Dubois*, Mœurs des peuples de l'Inde, I, 10, Paris, 1825. « Dans l'Inde, un oncle a non-seulement le droit, mais le devoir d'épouser la fille de sa sœur. »

[2] *Livingstone*, Neue Missionsreise in Süd-Afrika, vol. I, p. 317. Iéna et Leipzig, 1866.

tion, les enfants appartiendraient à leur grand-père maternel et leur père n'aurait aucun pouvoir sur eux. Pareil usage existe chez les Kimbundas du Sud[1] et les Fantis de la Côte-d'Or.

A Timor[2], dans les îles de la Sonde, le gendre achète également à son beau-père le désistement de ses droits de propriété sur la progéniture de sa fille : si la somme n'est pas intégralement payée, le beau-père s'approprie les enfants. Sur la côte de Zanzibar, si l'épouse meurt sans postérité, le beau-père restitue au mari le prix d'achat indûment payé. Chez les

[1] *Ladislas Magyar*, Reise in Süd-Afrika, in Peterman's Mittheilungen aus J. Perthes geog. Anstalt, Gotha, 1857.

[2] *Van Hogendoop*, Annal. de Malte-Brun, VI, 305. Chez les Bisaya, population indigène des îles Samar et Leyte (Philippines), le fiancé, qui sert en qualité de domestique chez ses futurs beaux-parents pendant 2, 3 et 5 ans, paie, outre la dot, un certain prix à la mère de sa femme, en dédommagement du *lait* dont elle a nourri sa fille (Bigay-Susu). *F. Jagor*, Reisen in den Philippinen, p. 235, Berlin, 1873.

Limboos de l'Inde (environs de Darjeeling), les fils ne deviennent la propriété de leur père qu'autant qu'il a payé une certaine somme à la mère : ils reçoivent alors un nom et entrent dans la tribu du père; quant aux filles, elles restent avec leur mère et appartiennent à sa tribu [1].

Souvent même le droit civil de certaines peuplades n'accorde pas au père la ressource d'obtenir ses propres enfants par le moyen d'une acquisition spéciale. En Afrique, sur toute la côte de Guinée, ainsi que parmi plusieurs tribus de l'intérieur, Bazes, Barea [2], Vouamrima [3], Kimbundas [4], Bassoutos [5], le frère de la mère possède les enfants de sa sœur en toute propriété et jouit sur eux d'un pouvoir exorbi-

[1] *Campbell*, Trans. Ethn. Soc., nouv. sér. VII, p. 155.

[2] *Munzinger*, l. c., p. 477.

[3] *Burton*, Voy. aux Grands-Lacs de l'Afrique orientale, p. 37, Paris, 1862.

[4] *L. Magyar*, Reise in Süd-Afrika, p. 149 ; 1859.

[5] *Casalis*, Les Bassoutos, p. 190, Paris, 1859.

tant : leur vie et leur liberté lui appartiennent sans contrôle ; c'est lui et non pas le père qui a le droit de les vendre — « droit imprescriptible, écrit Burton, qui s'exerce en dépit du père et de la mère, approuvé par l'opinion publique. » Parmi presque toutes les populations, chez lesquelles la filiation se transmet par les femmes, ce droit de famille, ainsi que nous l'avons dit précédemment, a contribué à donner au frère de la mère le rôle et les droits dévolus au père et mari dans la famille patriarcale.

L'achat du droit d'épouser n'a donc pas de tout temps transmis au mari l'entière propriété ni des enfants, ni de la mère, et l'on peut croire que l'antique mode de filiation par les femmes se perpétua jusqu'au jour où la vente transféra le domaine absolu à l'acquéreur. Aussi longtemps que subsista cette parenté utérine, l'autorité du mari sur les enfants et sur la femme fut dérisoire : l'organisation de la famille maternelle donnait à ses enfants, dans les frères de leur mère, des protecteurs nés contre la puissance paternelle, et sa femme elle-même invoquait, au nom de la parenté, le secours de ses proches contre son époux. En certaines régions, l'appui que la femme trouve dans sa propre famille est tel, qu'elle exerce une réelle tyrannie sur celui qui devrait être son maître, et le voyageur hongrois Magyar [1] affirme que les femmes du royaume de Bihé, au sud de l'Afrique, deviennent de véritables despotes dès qu'elles sont soutenues par une parenté un peu nombreuse.

Les exemples de ce genre sont assez multipliés pour laisser présumer que chez bien des peuples le mari a dû éprouver, sous le régime de la parenté utérine, de réelles difficultés à se soustraire au joug de la famille de sa femme : à chaque tentative d'émancipation de sa part il se trouvait en conflit avec tout un clan de parents ou de beaux-frères qui faisaient cause

[1] *Lad. Magyar*, Reisen in Süd-Afrika (1849-1857), Pesth et Leipzig, 1859, p. 236.

commune avec leur sœur et ne lui abandonnèrent les diverses prérogatives du droit de propriété qu'à la condition de les acheter successivement.

Ce clan était parfois très-nombreux, et un enfant pouvait compter un millier d'oncles. L'empereur Baber, le fondateur de l'empire mongol à Dehli, parle dans ses Mémoires[1] d'un de ses lieutenants, Lenguer-Khan, qui possédait toute une « tribu d'oncles maternels » (les Djendjouheh, peuplade occupant les montagnes du Penjab).

On comprend donc que, sous l'empire de semblables institutions, tous les efforts du mari aient tendu à emmener, de gré ou de force, sa femme dans sa propre tribu, au milieu de ses compagnons et parents pour y fonder une famille ne relevant que de son autorité.

[1] Trad. par M. de *Courteille*, tome II, 54. Paris, 1871.

§ 4.

La famille paternelle : union du propriétaire avec son esclave.

En quelques contrées, nous pouvons encore aujourd'hui assister à la transition des sociétés fondées sur la parenté utérine aux sociétés patriarcales.

En Afrique en particulier, on peut constater des efforts réitérés de la part de l'homme pour rompre avec l'ancien système de famille, d'après lequel ses enfants ne reconnaissent que la parenté maternelle et lui sont comme étrangers.

Parmi les Kimbundas, tribus organisées sur le principe de la parenté par les femmes, les enfants nés en mariage (ce dernier mot désignant les unions considérées comme légitimes par les usages du pays) appartiennent à l'oncle maternel, qui jouit du droit de les vendre, tandis que le mari n'a sur eux aucun droit, aucun pouvoir. Aussi, le père considère-t-il comme ses *véritables fils* ceux qu'il a eus d'une femme esclave; ces derniers sont seuls en sa puissance, et c'est à eux seuls qu'il laisse ses biens personnels [1]. Même phénomène chez les Fellatahs, les Fantis et quelques nations berbères — le mari tend à se soustraire au rôle subordonné que les anciennes lois lui assignent comme père et comme mari ; il laisse ses biens, non pas au fils que lui a donné sa femme légitime, mais à celui qu'il a eu de son esclave — ou bien à un enfant adoptif — à défaut, à l'un de ses esclaves préférés ; quant au fils issu du mariage, il n'hérite que des biens de sa mère [2].

[1] *L. Magyar*, Reisen in Süd-Afrika, p. 256 et 284.

[2] « Les Fellatahs ont pour coutume d'adopter des enfants, quoiqu'ils aient des fils ou des filles à eux ; en ce cas, c'est l'enfant adoptif qui devient l'héritier de toute leur propriété. » — *Denham's* travels in Africa, IV, 131.

« Chez les Wanyamwezi (au sud de Victoria Nyanza) règne la singulière coutume que ce sont les enfants qu'un homme a eus d'une esclave qui héritent, tandis que ceux

Ces exemples indiquent que l'homme cherche à fonder une famille personnelle, où ses vrais fils seront, non plus ceux du « matrimonium, »

que sa propre femme a mis au monde sont exclus de la succession. » — *Burton* et *Speke*, Expédition du Zanzibar au Tanganyika et au lac Nyanza, vol. II, p, 215, Leipzig, 1861.

« Dans le royaume de Fanti, le premier esclave succède à l'exclusion du fils, qui n'hérite que des biens de sa mère ; ils sont souvent considérables et indépendants de ceux du mari, qui n'a aucun droit sur ce que son épouse reçoit en héritage de sa famille. » — *Bowdich*, Observations sur le gouvernement des Ashantees, Collection de voyages Walckenaer, XII, p. 98.

Les tribus Touâreg qui suivent la généalogie maternelle ont deux ordres de succession : les biens non individuels, conquis collectivement par tous les membres de la famille ou conservés par leur concours, reviennent, suivant l'antique coutume, par droit d'aînesse, sans division ni partage *au fils aîné de la sœur aînée ;* quant aux biens individuels, conquis par le travail personnel, argent, armes, provisions, tout ce que la valeur d'un homme est apte à conserver, ils reviennent, à la mort du père, à ses *propres enfants. H. Duveyrier*, Les Touâreg du Nord, p. 397. Paris, 1864.

mais ceux du « patrimonium, » c'est-à-dire ceux qui hériteront de lui.

L'union du propriétaire avec son esclave est le symptôme d'une transformation prochaine dans le régime matrimonial de plusieurs peuples africains. On observe actuellement chez certaines tribus berbères une tendance marquée de la part des hommes à épouser des femmes esclaves plutôt que des femmes de leur propre nation, en raison de l'infériorité où les condamnent les mœurs du pays vis-à-vis de leurs compatriotes[1]. Celles-ci jouissent d'une entière liberté, et le mari n'a souvent aucun moyen de s'opposer à l'inconduite de sa femme : « maîtresse absolue de sa fortune, de ses actes, de ses enfants qui lui appartiennent et portent son nom, la femme targuie va où elle veut, et

[1] *Richardson*, Bericht über eine Sendung nach Central-Afrika in 1850-51, Leipzig, 1853. Cf. *du même auteur*, Travels in the great Desert of Sahara, II, 343, London, 1848. *Degrandepré*, Voyage sur la côte occidentale d'Afrique en 1786.

exerce une véritable autorité[1]. » L'organisation de la famille par les femmes paraît avoir engendré, en certaines contrées, des mœurs absolument contraires à la suprématie maritale. Aux îles Mariannes, comme en Afrique, les indigènes redoutent également de s'unir à leurs concitoyennes auxquelles ils sont contraints d'obéir, et recherchent pour épouses des esclaves auxquelles ils commandent[2].

Les rapports de la paternité, chez ces peuplades, ne paraissent se développer qu'à la suite des tentatives du mari pour établir la propriété individuelle : le droit de succession sur les biens du père dévolu aux fils esclaves est un acheminement direct à la famille patriarcale. S'il en a été de même partout, les enfants se seront insensiblement élevés du rang d'esclaves à celui d'associés de leur maître : celui-ci, afin de se faire nourrir par eux dans ses vieux

[1] *Duveyrier*, Touâreg du Nord. Cf. *La Mère,* p. 44 et suiv.

[2] *Le Gobien*, Hist. des îles Mariannes ; *Meiners*, Hist. du sexe féminin, Hanovre, 1788, p. 105.

jours, aura eu tout intérêt à leur accorder de son vivant un droit de copropriété sur ses biens, et par suite celui d'hériter de lui après sa mort[1].

Ce droit d'hériter a même pu devenir le signe légal de la parenté des enfants avec ceux auxquels ils succédaient, et l'on peut supposer que dans la suite des temps le système de la filiation par les femmes aura disparu chez un peuple qui n'attachait aucun prix à une parenté privée d'avantages patrimoniaux ; les anciens liens qui rattachaient les enfants au clan de leur mère, se seront évanouis dès qu'ils n'auront plus été que nominaux[2].

[1] M. de *Laveleye* (Les formes primitives de la propriété, Revue des Deux-Mondes, 1er juillet, 1er août, 1er septembre 1872) a fait ressortir que ce qui donne le droit à hériter, dans le *mir* russe, ce n'est ni le sang ni la descendance ; c'est un titre plus effectif, la coopération au travail qui a produit les biens qu'il s'agit de partager.

[2] M. *Mac Lennan*, qui adopte cette manière de voir, croit « que le droit d'hériter, dès que la propriété commença à être abondante, devint la marque de la parenté (the test of kinship) » l. c. p. 248.

§ 5.

Comment le droit de succession a pu modifier l'organisation des parentés.

Dans les pages qui précèdent nous avons émis l'opinion, que l'ordre de filiation par les mâles pourrait avoir été déterminé par les modifications qu'a subies le droit de propriété, dont le régime, chez les peuples barbares, domine tyranniquement l'organisation civile.

Nous possédons un exemple frappant de la façon dont les lois sur la propriété et, en particulier, le droit de succession ont pu influencer le système des parentés dans les civilisations primitives.

La loi qui, chez les Basques, réglait jusqu'au siècle dernier la transmission de la propriété, déterminait directement la nature des parentés et l'organisation de la famille. Suivant que l'*hé-*

ritier d'une maison se trouvait du sexe masculin ou du sexe féminin, les enfants portaient *le nom de leur père* ou *celui de leur mère* et reconnaissaient soit la généalogie paternelle soit la filiation maternelle [1].

Le caractère original du droit basque était de laisser au hasard des naissances le soin de décider si la famille se perpétuerait par les femmes ou par les mâles. Le code successoral appelait à l'hérédité de la totalité des biens le premier-né sans distinction des sexes.

Si le premier-né se trouvait une fille, elle devenait, en qualité d'héritière, le chef de la maison et des propriétés de la famille : lors de son mariage, elle continuait à résider sous le

[1] *Eug. Cordier*, le Droit de famille aux Pyrénées, Revue hist. de Droit français et étranger, Paris, 1859, p. 257-300 ; 353-396 ; 492-520. — Les institutions civiles des Basques n'ont été réformées qu'en 1768. Les Basques sont les descendants des anciens Ibères : tous les traits de leur droit politique et domestique attestent une antiquité reculée.

toit où elle avait reçu le jour; son mari *perdait son nom* pour prendre celui de sa femme, et les *enfants portaient également celui de leur mère.* Si, au contraire, l'héritier se trouvait un fils, les enfants portaient le nom de leur père et reconnaissaient son autorité.

De nos jours même, sous l'empire du code civil, ce singulier droit d'aînesse « se maintient comme un fait issu de la volonté des parents. Ils donnent tout ce dont la loi leur permet de disposer au premier-né de leurs enfants... et bien que le code civil ait changé la loi successorale au profit des cadets, ceux-ci ne revendiquent pas toujours la plénitude de leurs droits... Si le premier-né est une fille et qu'on la marie, elle obtient le même avantage qu'un fils. Son nom s'ajoute à celui de son époux et se transmet à ses enfants; de pareilles adjonctions se sont glissées jusque dans les registres de l'état civil. L'usage défère encore aux fils des héritières le nom de la maison où ils sont nés : s'ils ont quitté le pays et qu'ils y reviennent imbus des idées de notre civilisation, ils s'étonnent parfois du silence où l'on relègue la mémoire de leur père, et ils cherchent, mais en vain, à dépouiller le nom maternel [1]. »

La femme, chez les Basques, a la même aptitude que l'homme à représenter, conduire et perpétuer la famille. « Telle est l'idée mère, « dit M. Cordier, qui se trouve au fond de la « coutume de Barége, de celle du Lavédan, « de l'ancien droit rustique du Béarn, des « coutumes basques de France, des mœurs de « la Biscaye ; idée profonde, enracinée, anti- « que, qu'aucune invasion de peuples histori- « quement connue n'a pu jamais porter dans « ces régions; qui est propre à ceux qui les « habitent, aux Basques surtout qui sont les « plus anciens, fruit spontané de leur nature, « voix primitive de leur conscience, dont l'écho « répété par tant de siècles est venu jusqu'à « nous [2]. »

[1] *Cordier*, l. c., p. 516.
[2] *Cord.*, l. c., p. 284.

La ténacité de ces mœurs et la situation privilégiée que la loi accordait aux femmes héritières dans les siècles derniers ne peuvent être que la suite d'une coutume générale et régulière dans les temps anciens ; on peut même présumer qu'à une époque reculée, les ancêtres des Basques n'ont connu que *la parenté par les femmes*, et que l'ordre de filiation par les mâles est l'œuvre d'une innovation relativement récente. Strabon, d'ailleurs[1], lorsqu'il écrivait que, de son temps, chez les Cantabres « *les filles héritaient de leurs parents et étaient chargées du soin de doter leurs frères*[2] » ne paraît pas avoir connu d'exception à cette règle successorale, d'où il

[1] *Strab.* III, 165.

[2] Comparez ce curieux passage de Strabon avec celui d'Hérodote, que nous citons chap. VI, sur les filles égyptiennes contraintes par la loi à nourrir leurs vieux parents — ce qui laisserait supposer qu'elles étaient ordinairement héritières de préférence aux mâles. Chez les Touâreg, la propriété foncière est aux mains des femmes ; de même, chez les Naïrs du Malabar et quelques autres populations de l'Inde, soumises au régime de la famille maternelle.

faudrait conclure, par l'exemple des « héritières » chez les Basques, que le nom ainsi que les biens se transmettaient alors toujours par les femmes. Nous verrons enfin, dans le chapitre suivant, que chez les Basques, comme chez les anciens Ibères, à la naissance de l'enfant se célébrait une cérémonie singulière qui paraît indiquer que la parenté entre le père et le fils aurait été *calquée* sur celle qui existait entre la mère et l'enfant; c'est-à-dire que, chez ces peuples, l'ordre de filiation par les mâles aurait été une institution postérieure à la filiation par les femmes.

Le droit d'aînesse chez les Basques, et à sa suite le caractère des filiations, découle d'un seul principe : la conservation des biens dans une maison, sans division ni partage; l'héritier n'est, à proprement parler, qu'un administrateur des biens de sa famille; mâle ou femelle, il n'a pas le droit de quitter la maison; s'il devient veuf et convole en secondes noces, il ne peut emmener les enfants hors de la maison où ils sont nés ; ceux-ci restent avec les biens aux plus proches parents du conjoint héritier décédé. Un usage invariable, dicté par le même esprit de conservation des biens dans une famille, empêchait deux héritiers de s'unir par mariage ; tout héritier se voyait obligé de prendre pour épouse une cadette de famille, et réciproquement toute héritière un cadet.

Nous retrouvons les mêmes lois à l'extrémité du globe, chez les Japonais. La coutume populaire défend au fils aîné d'une famille d'épouser la fille aînée d'une autre famille, car, ainsi que chez les Basques, ni l'un ni l'autre ne peuvent quitter la maison où ils sont nés. Le fils aîné héritier n'a pas le droit d'abandonner le toit paternel ; sa femme vient demeurer chez lui et prend le nom de son époux. De même à son mariage, la fille aînée n'a pas la faculté de résider ailleurs que dans la maison natale ; son mari vient vivre chez elle et prend le nom de sa femme. — Si un cadet épouse une cadette et que le père du mari construise ou achète pour son fils la maison nuptiale, le jeune homme conserve son nom propre de famille que sa femme adopte également; mais si, au contraire, c'est le père de l'épouse qui donne la maison nuptiale, le mari perd son nom et prend celui de sa femme [1].

[1] *Morgan*, Smiths. Contrib. to Kn. vol. XVII, p. 428.

CHAPITRE IV

§ 1.

La parenté par les femmes a-t-elle donc été commune autrefois à toutes les races humaines?

La famille, dans la théorie que nous venons d'exposer, se développe comme un arbre : du tronc se détachent quelques branches mères, celles-ci se divisent en rameaux secondaires, et ces derniers, à leur tour, se séparent en petites branches. En d'autres termes, les associations de parents se réduisent successivement à des groupes de moins en moins populeux, et la notion de consanguinité, qui nous frappe à son origine par son caractère d'amplitude, arrive aux époques historiques à n'embrasser qu'un cercle relativement restreint d'individus.

Cette formule, cependant, est-elle également applicable à toutes les fractions du genre humain, et les races supérieures, telles que celles des Aryâs et des Sémites, ont-elles réellement suivi pareille loi d'évolution ?

MM. Bachofen, Mac-Lennan et Morgan [1], se rencontrant sur ce point, estiment que ces populations ont connu, dans une période reculée, une autre forme de famille que celle qui repose sur la puissance paternelle, et que les Grecs et les Romains, en particulier, ne sont

[1] *M. Bachofen*, *Mutterr.*, 29. à propos de la législation des premiers temps de Rome sur le *parricidium*, fait remarquer que les degrés de consanguinité reconnus à l'époque historique ne peuvent rendre compte du nombre d'individus compris dans le parricidium.

M. Mac Lennan croit retrouver chez les Sémites quelques traces de l'ancienne parenté par les femmes, l. c., p. 219. *M. Morgan*, l. c. 474, 492, présume que les ancêtres des Aryas et des Sémites ont pratiqué le système de famille par couches de générations.

parvenus à la famille agnatique qu'après une série de transformations.

Il peut paraître téméraire de se prononcer avec assurance sur un point aussi important sans preuves décisives à l'appui, et il faut convenir qu'elles font presqu'entièrement défaut. La rareté des témoignages nous avait même, il y a quelques années, dans une étude sur ce sujet [1], porté à voir dans des institutions aussi profondément différentes que celles de la famille utérine et du régime patriarcal, le signe d'une distinction radicale à établir entre les races qui pratiquent l'une ou l'autre forme de famille. Les indices du droit maternel, recueillis parmi les nations de l'antiquité classique, ne nous paraissaient pas appartenir au bagage historique des Aryâs et des Sémites, mais bien à celui des populations qu'ils avaient recouvertes ou remplacées.

[1] *A. Giraud-Teulon*, La Mère, chez certains peuples de l'antiquité, Paris et Leipzig, 1867.

Dès que paraissent sur la scène historique les grands peuples de l'antiquité classique, on les voit en possession de l'institution du mariage[1], et pourvus d'un système de famille,

[1] Par *mariage*, nous entendons l'union conjugale d'un seul homme avec une ou plusieurs épouses soumises à l'obligation de la chasteté. Ce qu'il importe de connaître pour déterminer le caractère éthique d'une union, c'est le nombre des maris et non pas celui des femmes ; aussi la polygamie ne saurait-elle être classée comme une institution particulière et différente par ses traits essentiels de la monogamie ; on retrouve dans l'une et dans l'autre la certitude de la paternité et la chasteté de la femme. La polygamie n'est à la vérité le plus souvent qu'une des manifestations du droit de propriété, qu'un témoignage de la richesse du mari. Les riches seuls peuvent entretenir un grand nombre de femmes. La monogamie, comme institution populaire chez les barbares, doit presque toujours son origine à la pauvreté des masses, et n'a pas été, ainsi que l'ont pensé quelques voyageurs, « imposée » par la femme à l'homme — polygame par instinct. Les femmes au contraire, chez les sauvages, sont généralement enchantées, lorsque leur mari prend « une femme neuve, » et voient dans l'adjonction d'une nouvelle esclave un allégement à leurs travaux. Enfin, la polygamie se retrouve par exemple en Afrique, chez des peuples qui suivent la parenté utérine.

basé sur cette association matrimoniale, système profondément différent de celui que nous avons observé chez les populations indigènes du sud de l'Asie, de l'Afrique et de l'Amérique.

Les plus anciennes sources sanscrites témoignent une horreur profonde de la promiscuité [1] au milieu de laquelle le système de la parenté par couches de génération et celui de la famille par les femmes ont pris naissance.

Il y aurait donc lieu de procéder avec la plus grande circonspection à l'égard de ces

[1] Voyez avec quel mépris le Mahabharata s'exprime sur ces odieux « Kourous du septentrion » (les populations indigènes du nord de l'Hindoustan) qui se complaisent dans la promiscuité. L'inceste est pour ces races une idée insupportable. (M. d'Eckstein a écrit à ce sujet quelques pages éloquentes dans la Revue archéologique, XVme année, 1859, p. 456, Les Cares ou Cariens de l'Antiquité.)

Les Sémites ne paraissent pas avoir ressenti la même aversion pour l'inceste (témoin l'histoire de Loth et ses filles); les conceptions bibliques sont à cet égard sensiblement inférieures à celles des Aryas; d'après la légende juive, d'un couple unique, la famille du reste ne peut être fondée que sur l'inceste.

races, et de ne pas affirmer sans preuves concluantes qu'elles ont été tributaires des institutions inférieures exposées dans les paragraphes précédents.

En l'absence de pareilles preuves est-on fondé à supposer que toutes les races soient parties des mêmes états originaires et aient suivi dans leur marche les mêmes routes? La logique apparente des faits nous a conduit à envisager la famille maternelle comme un stage inévitable de toute civilisation primitive, et à reconnaître dans l'organisation patriarcale la conséquence d'un lent progrès de l'espèce humaine, réalisé après de longues étapes; — mais est-il certain que les différentes formes sociales observées chez différents peuples aient entre elles une connexité nécessaire comme les anneaux d'une même chaîne, et que la nature ait partout imposé le même procès méthodique au développement de l'humanité? — En un mot, la loi du développement social a-t-elle été identique pour tous les peuples ?

Cette idée même de « Loi » qui, de nos jours, domine l'exégèse dans toutes les branches de la science, peut nous entraîner à notre insu à prendre pour un type universel, ce qui n'a été qu'une variété, et à voir dans un ordre particulier le symbole d'un ordre général. Tout ce qu'il nous est loisible de constater avec quelque certitude, ce sont des séries d'états différents : quant à l'ordre de leur succession, nous ne pouvons le plus souvent l'établir qu'à l'aide d'inductions, par conséquent avec la plus grande défiance des solutions proposées par notre douteuse logique.

Ne pourrait-on, par conséquent, envisager la famille maternelle et le régime patriarcal comme des manifestations simultanées de races différentes dans le monde primitif plutôt que comme les transformations successives du genre humain ?

Qui nous affirme — que toutes les races

aient été soumises pendant leur enfance à l'horrible nécessité de la promiscuité? Ne voyons-nous pas dans le règne animal certaines espèces pratiquant la monogamie avec fidélité[1]?

[1] « Les gorilles et les singes anthropomorphes en général sont monogames, de même que tous les animaux rares et à mœurs solitaires; les carnassiers, tant parmi les mammifères que parmi les oiseaux, sont monogames, et l'association dure au moins une saison : il en est de même chez les rongeurs qui habitent des tanières. Les circonstances ambiantes décident généralement des mœurs; les carnassiers, toujours bien armés, comme les lions, les tigres, vont par paires, parce que les femelles peuvent se défendre. Les ruminants qui n'ont pas de fortes défenses se réunissent en troupeaux et suivent un mâle qui, au besoin, les défend; mais ce mâle évince les concurrents, le plus fort expulse les autres, d'où naît forcément la polygamie. Les animaux à vie précaire vivent par paires, car réunis en troupe ils ne trouveraient plus à se nourrir (carnassiers, oiseaux de proie, aigles, faucons, chats, loutres, fouines, ours, etc.), qui se nourrissent de chasse. Les carnassiers moins bien armés sont souvent obligés de se réunir par troupes pour chasser (chiens, chacals, etc.), mais ces associations ne sont que temporaires et occasionnelles. Au contraire les animaux à vie facile, comme les ruminants, pachydermes, etc., qui trouvent dans les steppes une abondante nourriture, vivent

Pourquoi donc parmi les hommes certains groupes privilégiés n'auraient-ils pas été capables de monogamie, soit par l'effet de dispositions instinctives, soit par suite de conditions favorables d'existence?

Dans les pages précédentes, l'établissement de la famille monogame et chaste a été signalé comme provoqué par le principe du droit de propriété ; mais est-il démontré que ce principe

en général par troupeaux (chevaux, bœufs, antilopes, moutons, etc.), et dans ce cas il y a toujours polygamie, pour la raison indiquée plus haut. Les hirondelles contractent mariage à vie, les pigeons sont monogames; les poules sauvages de même, quoiqu'en domesticité ces races viennent polygames ou plutôt promisques — résultat de la vie en communauté et de la suppression des coqs. On peut dire que les coucous qui nichent en parasites sont polyandres, mais la femelle n'établissant pas de nid, et n'ayant pas de domicile fixe ni de ménage, n'est nullement la propriété de plusieurs maris. Passant sa vie à vaguer d'un arbre à l'autre, elle épouse en passant tous les mâles qu'elle rencontre, et demeure indépendante de tout despotisme conjugal.»

D'après les naturalistes on retrouverait donc, mais disséminés, dans le règne animal, la plupart des instincts du genre humain.

ait été universel et exclusif. Les *passions* n'ont-elles pu jouer, dans la formation des premières sociétés, un rôle aussi prépondérant que celui du régime économique? L'union de deux époux en particulier ne peut-elle se rattacher au phénomène connu sous le nom d'amour durable, une des formes actuelles de la passion humaine?

En conséquence, au lieu de relier systématiquement entre elles les institutions disséminées dans le monde barbare, ne devrait-on pas plutôt rechercher, s'il n'est pas intervenu, pour fonder la famille actuelle, quelqu'autre force que les nécessités brutales du développement économique? Déterminer en particulier la part qu'on doit faire à l'élément psychologique dans la structure des anciennes sociétés — et, enfin — après avoir reconnu les caractères moraux spéciaux, afférents aux diverses fractions du genre humain, classer les races séparément, d'après leurs qualités morales dominantes dans telle ou telle transmission héréditaire?

Nous ne nous dissimulons pas tout ce qu'il peut y avoir de séduisant à rechercher les antécédents de la supériorité de certaines races dans l'histoire de leurs sentiments affectifs plutôt que dans celle de leur organisation civile.

Mais, si l'on s'en tient uniquement à l'observation des faits et non à de simples inductions, la Nature en réalité ne semble avoir mis en jeu, pour le développement de l'humanité, qu'un nombre très-limité de principes civilisateurs. Et, le seul dont l'action puisse s'apprécier d'une manière sensible chez les peuples barbares, c'est celui du droit de propriété. La formule de leur civilisation dépend presque toujours de celle qui régit chez eux le mode de possession. Suivant que ce dernier s'améliore — c'est-à-dire, suivant que la propriété communiste, par suite de l'accroissement de la richesse générale, tend graduellement à se transformer en propriété privée — les institutions et les mœurs s'améliorent.

Inaugurer l'histoire du genre humain par la

famille patriarcale, c'est placer au berceau de notre espèce, l'institution du mariage, et admettre que certaines races supérieures se sont trouvées spontanément pourvues, dès leur origine, des qualités morales qu'exige cette délicate institution : respect de la propriété individuelle, chasteté féminine, intelligence de la notion abstraite de la parenté par les mâles, aptitude aux fictions quasi-philosophiques, telles que celle de la paternité, etc...

Chacune de ces diverses manifestations de l'esprit humain a cependant dans l'histoire le caractère d'une lente acquisition : — aussi la philosophie est-elle contrainte d'envisager l'espèce humaine dans sa généralité, et les divers progrès réalisés, en tous temps et en tous lieux, comme les stages temporaires d'un développement continu par lequel le genre « homme » est parvenu à son état actuel.

---

§ 2.

Comment établir, *ad oculos*, des rapports de consanguinité entre le père et le fils ?

Qu'on explique l'institution de la parenté par les mâles par l'action des phénomènes économiques, ou qu'on la rapporte à un sentiment inné chez l'homme, en admettant l'hypothèse de l'institution primordiale du mariage parmi certaines races — le désir de rattacher l'enfant à son père, n'en est pas moins fort ancien dans le monde, et l'on voit dès les époques les plus reculées diverses tentatives de la part de l'homme dans le but d'établir le principe de la filiation par les mâles [1].

[1] Ces efforts se font jour déjà au milieu de la période de promiscuité ; Hérodote (4,180) et Aristote (Pol. II, 4, 13) nous parlent de certains peuples de la haute Libye chez lesquels « tous les trois mois les hommes se réunissaient

Mais comment indiquer des rapports de consanguinité entre le père et le fils ? D'après le système de la parenté maternelle, c'était chose simple : les liens entre la mère et l'enfant, résultant de l'acte même de la mise au monde, la notion de consanguinité découlait du fait le moins contestable. Quant à l'homme, dans l'impossibilité de prouver son intervention, et surtout exclusive, il ne pouvait fonder sa paternité que sur une présomption ou une fiction légale.

Or, les peuples dans leur enfance sont quelque peu rebelles à l'intelligence des fictions et des idées abstraites : il faut leur en faciliter l'admission au moyen d'un acte sensible ou d'une cérémonie extérieure.

L'histoire du monde barbare nous présente ici une des plus curieuses solutions que l'esprit puisse imaginer, et qui témoigne combien les idées de l'homme, au début de la civilisation,

et se présentaient à la fois. Dans ces réunions, on attribuait à l'auteur présumé, d'après la ressemblance des traits, l'enfant qui, jusque-là, avait grandi auprès de sa mère. »

ont servilement reflété les données naturelles.

On se crut obligé, pour établir des liens de parenté entre le père et le fils, de copier l'acte qui rattache l'enfant à sa mère, de parodier l'accouchement et d'assimiler le père à la mère en faisant de lui une *seconde mère*. Le mari fut donc condamné au rôle d'une femme en couches, et dut se prêter à un simulacre d'enfantement.

A la suite de cette cérémonie, le nouveau-né, pourvu de deux mères (l'une, la véritable, l'autre, la mère fictive, c'est-à-dire le mari qui donnait à reconnaître sa consanguinité sous la forme symbolique de l'accouchement), se trouvait *parent* de son père comme il l'était déjà de sa mère : il possédait une double filiation.

Des différents modes employés pour exprimer le lien du sang entre deux hommes, cette imitation de la nature est le symbole le plus commun chez les nations sauvages. Il est peu de coutumes plus répandues que celle-là, et sa distribution sur les points les plus distants du globe, sa persistance jusqu'à nos jours indiquent qu'elle a été pour les peuples anciens une formule donnant satisfaction à leur esprit, et une base essentielle de la reconnaissance de la paternité. — « Aussitôt que chez les Abipones de l'Amérique du Sud, écrit le missionnaire jésuite Dobrizhoffer[1], la femme a mis un enfant au monde, on voit le mari abipone se mettre au lit : on l'entoure de soins, il jeûne pendant un certain temps, vous jureriez que c'est lui qui vient d'accoucher. J'avais lu cela autrefois, et j'en avais ri, ne pouvant ajouter foi à pareille folie, et supposant que cette coutume barbare était contée plutôt en plaisanterie que sérieusement; mais, à la fin, je l'ai vue de mes propres yeux chez les Abipones.... »

Cette étrange coutume régnait autrefois chez la plus grande partie des indigènes du Nouveau Monde, le plus souvent accompagnée de rites religieux, et en particulier dans l'Améri-

[1] Historia de Abiponibus. Vienne, 1784, II, 231. « Vix « prolem in lucem editum a femina, videbis illico maritum « Abiponem in lecto cubantem,... etc. »

que du Sud, où elle paraît avoir été générale. Chez les Caraïbes, le père se met encore au lit, imite les contorsions et les plaintes de l'accouchée, et reçoit les visites des commères du voisinage, qui viennent le féliciter officiellement sur son heureuse délivrance[1].

Pareille cérémonie, déjà signalée par Strabon, chez les Ibères[2], s'est perpétuée jusqu'à

[1] La couvade a été observée chez les Caraïbes, chez les Arawaks du Surinam, et les Chaktas de l'Amérique du Nord par du Tertre (Hist. gén. des Antilles. Paris, 1667, II, 371); par le missionnaire de la Borde (Voy. chez les Caraïbes, Leyde, 1704); par l'anglais Brett chez les mêmes peuples (Indian Tribes of Guianna, p. 355); « le père, dit-il, se met tout nu dans son hamac, dans la posture la plus provocante, où il reste quelques jours comme s'il était malade, recevant les congratulations de ses amis, soigné par les femmes du voisinage, tandis que la mère du nouveau-né prépare la cuisine sans qu'on s'occupe d'elle. » Martius a fait des observations semblables chez les Coroados du Brésil.

[2] *Strabon*, 3, 165 : « Chez les Ibères, lorsque les femmes accouchent, ce sont les hommes qui prennent le lit à leur place, et se font soigner par elles. » — Certains fabliaux du XIIme et XIIIme siècles nous signalent l'existence

nos jours chez les Basques leurs descendants. En certaines vallées de la Biscaye et du Guipuzcoa, les femmes, immédiatement après leurs couches, quittent le lit, et le montagnard, prenant la place de son épouse auprès du nouveau-né, fait la *couvade* [1]; il reçoit alors les compliments des voisins et voisines.

Cet usage se retrouve sur la côte occidentale d'Afrique, au Malabar, à Seringapatam, à Madras, dans l'archipel des Moluques, parmi les tribus indigènes. Marco-Polo l'avait observé au XIIIme siècle dans l'Asie orientale, dans la province du Yunnan [2]; enfin, les auteurs classiques

de la couvade au moyen âge dans les Pyrénées (Aucassin et Nicolette; *Legrand d'Aussy*, fabl. des XIIme et XIIIme s. Paris, 1829).

[1] *Laborde*, Hist. de l'Espagne, Paris, 1834, I, 273. — *Quatrefages*, Rev. des Deux-Mondes, 1858, v. 5. — *A. Giraud-Teulon*, La Mère,... p. 37 et suiv. Paris, 1867. — *Cordier*, l. c., p. 370.

[2] Voy. sur ce sujet *Tylor*, Early hist. of Mankind, p. 294. Tylor indique en outre *Biet*, Voy. dans la France Équinoxiale, p. 389; *Fermin*, Descr. de Surinam, Amsterdam,

le mentionnent chez les Tibarènes du Pont-Euxin[1], les Corses[2] et les Cypriens[3].

Ailleurs on retrouve cette même préoccupation de démontrer sous une forme sensible

1769, p. 81 ; *Tschudi*, Peru, II, 235 ; *Spix* et *Martius*, Voy. au Brésil, p. 1186, 1339 ; *A. Bastian* (Zeitsch. für Vœlkerps. und Sprach., p. 156-160, 2me livr. du 5me vol., Berlin, 1867) et *Max Müller* (Myth. comp., trad. Perrot, p. 323-334, Paris, 1873), ont également traité ce sujet de la « couvade ; » chacun de ces auteurs a donné une interprétation différente de la nôtre. M. M. Müller n'y voit qu'une superstition ridicule ; M. Tylor, plus près de la vérité, y aperçoit le désir d'exprimer l'idée que les corps du père et de l'enfant sont joints par un lien physique.

[1] Apollonius, Argon., 2, 1011-1016. « Les femmes « mettent au monde leurs enfants avec la participation des « hommes ; ceux-ci se mettent au lit, poussent des cris « aigus, s'enveloppent la tête, se font préparer des bains « et nourrir délicatement par leurs femmes. »

[2] *Diodore*, 5, 14 : « ... à la naissance de leurs enfants ils observent une étrange coutume. Ils n'ont aucun soin de leurs femmes en couches ; mais aussitôt après la délivrance de la mère, le mari se met au lit, comme s'il ressentait les douleurs, et s'y tient pendant un certain nombre de jours, comme une accouchée. »

[3] *Plutarque*, Thes. 20 : « Chez les Cypriens, un homme

l'affinité physique entre deux individus du sexe masculin, exprimée par des formalités d'un ordre plus élevé.

Chez les Sakkalaves de Madagascar, par exemple, parmi lesquels le mariage n'entraîne pas par lui-même la paternité du mari, l'époux, afin d'établir, entre le fils de sa femme et lui, des rapports de consanguinité, procède à une cérémonie solennelle dite *Fatti-Draha* ou «identification du sang.» Cette cérémonie est chez eux « la base la plus importante de leur so- « ciété civile et le fondement de la reconnais- « sance de la paternité [1]. » Lorsqu'un homme

se met au lit et imite les cris et les contorsions d'une femme en couches. »

Le culte oriental de Dionysos (Bacchus) a dans ses mythes conservé le souvenir de cette singulière façon d'établir l'état civil d'un enfant. Dionysos était Βιμήτωρ ou Διμήτωρ, il avait deux mères : *Sémélè* (fille de Kadmus, qui l'avait enfanté avant terme), et *Jupiter*, qui l'avait mis au monde une seconde fois. — Mutterr., 238, 243, 256. (*Athen.*, 2, 39, B.; *Apollod.*, 3, 4, 3; *Diod.*, 3, 63.)

[1] *Noël*, Bull. Soc. géog. Paris, IIIme série, t. 1, 1844,

en veut adopter un autre en qualité de fils, l'adoptant et l'adopté se font une ouverture à l'estomac, s'arrosent mutuellement de leur sang et en boivent quelques gouttes.

Enfin, la cérémonie analogue du Kasendi, dans la Guinée inférieure, et celle du Sarè, ou serment fraternel chez les Vouanyamouèzi, a également pour objet d'établir une consanguinité apparente entre deux individus, qui, dorénavant, se considèrent comme issus du même ancêtre[1].

p. 385. — *Leguèvel de Lacombe*. Voy. à Madag., I, 103, Paris, 1840.

[1] *Burton*, Voy. aux Grands-Lacs de l'Afr. orientale; trad. fr., p. 102. Paris, 1862. Parmi certaines peuplades les deux hommes, au moyen d'une incision, introduisent réciproquement dans leurs veines quelques gouttes du sang de leur compagnon.

CHAPITRE V

Hypothèses sur les origines de la *gens*.

En réalité, la paternité étant toujours une fiction, et ne ressortant pas d'un fait visible, mais d'une présomption, ne peut être reconnue que par un acte de nature juridique ou de droit civil, par une « adoption » expresse ou tacite[1]. Aussi peut-on remarquer chez cer-

[1] Nous voyons même en pleine Rome, jusqu'au premier siècle de l'empire, subsister, comme une religieuse parodie énigmatique léguée par les siècles, une imitation de la nature, appliquée encore à l'acte de l'adoption. Pline, dans son panégyrique de Trajan, à propos de l'adoption de Trajan par Nerva, loue ce prince d'avoir remplacé les anciens usages par des formes d'un ordre plus élevé, « car, dit-il, ce n'est pas devant le lit conjugal, mais devant celui de Jupiter M. O., que l'adoption a eu lieu. » — Lorsque chez les peuples qui établissaient leur filiation par les femmes, il s'agissait de l'adoption d'un enfant, cette adoption était faite d'abord par la mère, et ensuite par le père : dans les deux cas la forme de l'adoption simulait une naissance. Diodore (4, 39) nous

tains peuples de l'antiquité, que les relations qui en dérivent sont moins l'expression du ma-

apprend que « Junon ayant dû, d'après le conseil de Jupiter, adopter Hercule en qualité de fils, l'épouse olympienne monta sur son lit, et là, après avoir attiré Hercule sur son corps et sous ses vêtements, l'avait laissé tomber par terre, afin d'imiter un véritable accouchement. Les Barbares, continue Diodore, ont pratiqué jusqu'à nos jours ces mêmes rites lorsqu'ils veulent adopter un fils. « (*Bach.*, Mutterr., 254, sqq.) L'abbé *Dubois* (Mœurs des peuples de l'Inde, l. c.) rapporte que chez les Hindous la mère joue le principal rôle dans la cérémonie de l'adoption, et que le père n'y figure presque pour rien. « La raison en est, dit l'au-« teur, que dans l'Inde tous les enfants sont censés appar-« tenir de droit à la mère. »

Peut-être doit-on faire remonter aux époques de transition de la filiation par les femmes à la succession par les mâles l'origine d'un usage fréquent chez les Hindous : celui de l'adoption du neveu par son oncle. Cette coutume signalée par Anquetil du Perron à propos des rois Marates du Tanjaour (Rech. hist. et géog. sur l'Inde, Berlin, 1776) semble indiquer le désir de concilier l'ancien système de la famille utérine avec la succession directe du père au fils. L'enfant adoptif cumulait ainsi la double qualité de neveu et de fils, et à l'égard de la nouvelle organisation, ce n'était plus comme fils de la sœur, mais comme fils de l'oncle que le neveu succédait.

riage que celle d'un choix volontaire — d'une sorte d'adoption : chez eux la *filiation par les mâles* revêt le caractère d'un *acte réfléchi*, d'une innovation de droit civil en opposition avec le droit naturel de la maternité. A sa première origine, le mariage, en Grèce et à Rome, n'était pas suffisant par lui-même pour établir la filiation : la déclaration ou la reconnaissance faite par le père avait seule ce pouvoir.

La naissance, le lien physique ne constituaient pas la famille, et le fait de la génération était moins important que le bon plaisir du propriétaire : on « n'élevait » les enfants que si le *pater familias* les avait « élevés » de terre[1]. Le droit civil de Rome n'exigeait même pas que le *pater familias* fût le *genitor*, c'est-à-dire qu'il eût donné naissance à son fils. Le « pater is est quem nuptiæ demonstrant » est la formule des jurisconsultes d'une société plus récente.

Aussi, dans les premiers siècles, le système

[1] Tollere, suscipere liberos ; τέκνα ἀναιρεῖσθαι.

de la famille romaine est-il la contre-partie exacte de la famille maternelle : sous l'un et l'autre régimes l'on n'aperçoit que des parentés unilatérales. L'agnation, dans un sens général, ne comprenait que les liens du sang par les mâles ; les enfants d'un même père par des mères différentes étaient agnats ou parents ; ceux de la même mère et de pères différents n'étaient reliés par aucune parenté légale.

Ce que les Romains entendaient par *familia* ne réveillait ni l'idée de génération, ni celle de parenté physique, et ne signifiait rien autre chose que la « propriété. »

Il y a, à cet égard, à Rome, contraste complet entre les termes qui désignent la famille des temps historiques (*familia*) et la famille des temps primitifs (*gens*). L'un rappelle uniquement des idées de conservation de propriété [1] ; l'autre qui (ainsi que *genitor* vient de *gignere*,

[1] Famuli origo ab Oscis dependet, apud quos servus *famel* dicebatur, unde et *familia* vocata. *Paul Diac.* p. 87.

engendrer[1]) évoque l'image de la génération et de la filiation naturelle par le sang.

Ce contraste est-il purement fortuit, ou bien, au contraire, trouve-t-il sa justification dans l'histoire même du développement de la famille chez les Grecs et les Romains ?

La plupart des écrivains qui se sont occupés des origines de la Grèce et de Rome, supposent que dans ces deux contrées les communautés politiques se sont formées par une série d'agrégations de familles patriarcales.

Dans leur opinion, la petite famille patriarcale composée du père, de la mère et des enfants, a été le groupe primaire, l'unité sociale élémentaire, de laquelle est sortie, un jour, l'État[2]. — La *famille* s'est développée de la

[1] Gens, de geno, gigno, *Isidor.* IX, 2.

[2] *M. Lange* qui, dans ses Rœm. Alterthümer, Berlin, 1863, I, p. 90, résume les dernières théories allemandes à ce sujet, dit : « ..... der Staat ist aus der Familie erwachsen, indem die Familie auf natürliche Weise zum Geschlechte (gens), das Geschlecht sich zum Stamme....: erweiterte, bis durch die Vereinigung verschiedener

façon la plus simple, par le fait de l'accroissement naturel des naissances — d'abord sous la forme du *clan* (ou de la *gens*) qui, dans l'Inde, en Grèce et à Rome, comprenait toutes les personnes portant le même nom, distribuées en familles séparées, soit dans une, soit dans plusieurs tribus, et supposées issues de la même souche ; — puis, en *phratries* ou *curies* — enfin en *tribu* : la réunion de plusieurs tribus en communauté politique vint donner la forme positive de l'État à l'organisation patriarcale primordiale.

Cette théorie réclame pour point de départ un *postulat* assez contestable, à savoir : que l'histoire du genre humain s'est ouverte par l'institution du mariage avec fidélité, et par celle de la parenté par les mâles : ce principe posé, elle admet l'existence « de petits groupes

Stæmme das Bedürfniss einer positiv staatlichen Gestaltung der *vorauszusetzenden* patriarchalischen Zustænde eintrat... » Dans le même sens, chez les Anglais, M. Maine, Ancient Law, 1861.

qui, constitués de tous temps, se sont agrégés les uns aux autres, » et ont multiplié autour d'une famille centrale, dont le chef, ou roi, descendait du progéniteur commun de tous les autres chefs de tribus et de clans. — Dans ce système, qui se recommande par sa simplicité apparente, la cité antique, ayant la *famille* pour origine, se serait formée au moyen des fédérations successives « de sociétés exactement semblables entre elles et nées l'une de l'autre. »

Cet ordre de genèse toutefois, accepté par la théorie classique, ne parvient pas à rendre compte de certaines énigmes que présente l'histoire de la cité antique, et n'explique en particulier ni la formation de la *gens* ou *genos*, ni celle de la tribu chez les Grecs et les Romains.

Ceux d'ailleurs qui recherchent l'origine des États anciens dans les institutions patriarcales, loin d'adopter le même point de départ, se séparent dès le début de la manière la plus grave, et émettent des opinions absolument contradictoires. Pour les uns, la « molécule sociale élémentaire » a été la *familia* (famille patriarcale individuelle) qui, en s'étendant, a formé le clan ou la *gens :* pour les autres, au contraire, la *gens* a été la donnée première, la famille des temps barbares, d'où sont sorties plus tard les petites familles individuelles. Il ne saurait cependant être indifférent d'accueillir l'une ou l'autre hypothèse, et, si la Cité a été le résultat des dilatations successives d'un noyau originaire, il est essentiel pour l'intelligence de l'histoire primitive de déterminer quel a été ce noyau originaire, et de savoir laquelle, de la *famille* ou de la *gens*, a précédé l'autre.

La constitution de la *gens*, institution pour nous aussi mystérieuse que celle des phratries, et qui a servi de base aux premières sociétés grecques et romaines, est un des points les plus obscurs et les plus controversés de l'histoire ancienne. Un grand nombre d'auteurs, depuis Niebuhr, s'appuyant sur un texte trop souvent cité de Cicéron [1], ont refusé à la *gens* toute

[1] *Cic.*, Top., 6, 29.

union par les liens du sang, et l'ont considérée comme une création artificielle politique. D'autres, invoquant un passage de Varron [1] et la définition usuelle des jurisconsultes romains (gentilis dictus et ex *eodem genere* natus et is qui *simili nomine* appellatur) ont bien admis que tous les membres de la *gens* descendaient d'une origine commune, mais n'ont reconnu entre la gentilité et l'agnation d'autre différence que la suivante : les gentiles sont ceux des agnats qui ne peuvent plus faire la preuve de leur parenté (agnation), laquelle se perd dans la nuit des temps : le seul souvenir de cette parenté subsiste dans la communauté du *nomen gentilicium*.

La gentilité et l'agnation, dans ce dernier système, ne sont donc pas différentes en principe.

Nous ne nous arrêterons pas ici à examiner les diverses théories sur la *gens*, connues de tous ceux qui ont étudié les origines de Rome, et

[1] *Varr.*, I, 1, 8, 2.

nous tiendrons pour démontrée l'opinion de M. Fustel de Coulanges qui, dans son lumineux ouvrage sur la Cité Antique, a soutenu avec raison que les fractions de la *gens* étaient non-seulement unies par un lien de naissance, mais encore que la *gens* n'était autre chose que *la famille même des temps primordiaux.*

Cependant, ce point de départ admis pour la formation des anciens États grecs ou romains, si l'on continue à considérer les *gentes* comme antérieures aux tribus, le problème n'est guère simplifié : il reste toujours à légitimer la genèse successive des gentes en tribus. Comment se fait-il, en premier lieu, si la *tribu* est de formation plus récente que la *gens*, que le droit particulier des tribus se soit éteint à Rome, longtemps avant que le droit particulier des *gentes* n'ait lui-même disparu ? Le contraire aurait dû se produire si la théorie qui fait sortir les tribus de la famille ou clan était fondée.

Comment, enfin, expliquer par le moyen de

cette théorie l'*hétérogénéité* de la tribu, c'est-à-dire le fait qu'une tribu ait pu comprendre en elle diverses *gentes* portant des noms différents? Le nom particulier de chacune d'elles indique une souche distincte et, dans l'antiquité en effet, la croyance populaire leur attribuait une origine séparée. Rien ne serait plus simple à concevoir que la formation d'une tribu de *même souche*, en prenant pour point de départ la famille ou la *gens*, puisque tous les membres de la gens y auraient une descendance commune. Mais si, réellement chaque *gens* peut prétendre à une provenance spéciale, comment les *gentes* ont-elles pu composer une tribu réputée de même sang ?

La difficulté consiste dans la nécessité d'expliquer l'absorption des groupes primitifs les uns par les autres. On a eu recours, pour y parvenir, à une fiction, transmise par les anciens eux-mêmes, à savoir : que la tribu descend d'un ancêtre commun, dieu ou héros. Cependant la généalogie est presque toujours conventionnelle (on peut même parfois indiquer l'époque à laquelle elle a été forgée), mais encore cette fiction ne rend pas compte du fractionnement d'une tribu de même sang en *gentes* de noms différents.

Aussi — suivant la remarque de M. Maine [1] — ne reste-t-il à ceux qui acceptent cette théorie, qu'une seule alternative pour justifier l'agrégation des divers groupes agnatiques : ou bien, admettre que l'un d'eux ait absorbé les autres par droit de conquête — ou bien, supposer qu'ils se soient réciproquement *adoptés* sous la fiction d'une parenté mutuelle, tout en conservant leurs noms distincts malgré l'adoption. Il est superflu d'ajouter que ni l'une ni l'autre de ces hypothèses, en particulier la dernière, ne sont confirmées par l'histoire ; nulle trace, en effet, soit dans l'Inde, soit en Grèce, soit en Italie, de l'adoption pratiquée sur une pareille échelle.

[1] Cité par *M' Lennan*, l. c., p. 275.

L'auteur anglais, auquel nous avons précédemment emprunté l'hypothèse de l'Exogamie, comme loi organique de la *tribu*, propose une solution plus naturelle; M. M'Lennan prétend, à l'aide de l'*exogamie* et de l'institution de la *parenté utérine*, expliquer : « Comment une variété de groupes (clans) de souches différentes a pu se combiner en une tribu locale, et comment une tribu réputée de même origine a pu se trouver divisée en clans, de noms distincts, quelquefois situés dans des tribus locales différentes [1]. »

Renversons, dit-il, l'ordre des termes admis jusqu'ici — et au lieu d'envisager la *famille patriarcale agnatique* comme la source originaire de la tribu, prenons au contraire, pour point de départ, la horde primitive avant qu'elle ne se constituât en tribu.

Cette horde formait un groupe *homogène*, ou censé tel : la parenté n'y était pas encore

[1] *M'Lennan*, On prim. mar., p. 268 et suiv.

individuelle ; mais chacun était affilié au groupe dans son ensemble ; et tous les membres de la horde, parents les uns des autres, portaient un nom commun.

A l'époque où surgit la notion de parenté individuelle et où cette horde s'organisa en tribu, sur les principes de l'Exogamie et de la parenté par les femmes, ce double fait eut insensiblement pour conséquence de rendre cette tribu *hétérogène*, car l'enfant, né dans la tribu d'une femme étrangère, était lui-même un étranger, et portait le nom de la souche de sa mère. Dès lors la tribu put compter dans son sein un grand nombre d'individus originaires d'autres tribus : parmi ces derniers, ceux qui provenaient de la même origine, se trouvaient parents par leurs mères, et se rattachaient, en vertu d'une descendance commune, à ceux de leurs parents répartis en d'autres tribus : les uns et les autres portaient le même nom, c'est-à-dire celui de la tribu maternelle. Dans chaque tribu locale les homonymes se voyaient assujettis, par le fait de leur parenté, à certaines actions communes, soit entre eux, soit entre les individus d'extraction étrangère; ils possédaient en commun des droits, des propriétés dans la tribu maternelle, et partageaient le même culte. Ce sont ces corporations, qui avaient pris forme avant leur réunion dans l'État, que nous trouvons en qualité de *gentes* dans les tribus locales de l'époque historique. Le plus souvent des *gentes* de même souche et de même nom existant dans les tribus locales voisines, les rapports de parenté établis entre les groupes homonymes favorisèrent la réunion des tribus en communauté politique.

Au moment où, à une date inconnue de l'histoire, la parenté devint agnatique (par les mâles), le caractère de toutes les tribus se trouva stéréotypé, car les femmes ne donnant plus le brevet de parenté, n'importèrent plus d'éléments étrangers, et les causes d'hétérogénéité cessèrent d'opérer. Les nouveau-nés appartinrent donc désormais à la souche de leur père, — et, peut-être, est-ce à l'époque où la parenté par les mâles s'introduisit dans les mœurs, que prit également naissance la coutume de feindre une descendance commune de quelque homme illustre. Cette fiction effaça le souvenir de l'ancienne hétérogénéité de la tribu, tandis que les noms dissemblables perpétuèrent la mémoire de la différence d'origine des clans maternels primitifs. On retrouve cette fiction chez des peuples de formation évidemment hétérogène et dont la composition est purement artificielle.

La *gens*, dans l'opinion de M. M' Lennan, de même que le *genos* des Grecs se serait donc constituée sous le régime de la parenté par les femmes, antérieurement à l'établissement de la parenté agnatique : ce qui expliquerait pourquoi chez les Grecs les membres d'un même γένος se nommaient « gennêtes et frères de lait[1] ; »

[1] γεννῆται καὶ ὁμογάλακτες, Pollux, VIII, 9, 111.

les *gentiles* étaient les individus qui se considéraient comme parents à l'époque où s'introduisit le nouveau système de la parenté agnatique: d'où suit que la gentilité et l'agnation n'auraient pas été identiques en principe, ainsi que l'ont soutenu plusieurs auteurs[1].

Le fractionnement de la tribu en *gentes* permettrait enfin de comprendre comment une tribu a pu se trouver subdivisée en *gentes* de noms différents — et l'on chercherait en vain dans la fédération successive des familles en *gentes*, des *gentes* en phratries ou curies, des phratries en tribus, la formule de la loi organique qui a réglé le développement des diverses corporations de la cité antique.

On pourrait à l'appui de l'hypothèse de M. M' Lennan alléguer certains traits des légendes,

[1] *Lange*, en dernier lieu, Rom. Alterth., I, 197. Il serait par conséquent superflu de corriger Denys (2, 65, 11) lorsqu'il représente les sacra gentilicia comme ἱερὰ συγγενικά (*cognationis*, et non pas *agnationis)*, et les oppose aux ἱερὰ πολιτικά.

des vieilles coutumes romaines, ou même des institutions juridiques, qui paraissent incompatibles avec les principes de la famille quiritaire et peuvent dériver d'une époque antérieure à la parenté agnatique — en particulier la composition de l'antique tribunal de famille où figuraient les cognats de la femme [1].

En ne supposant, dans les époques reculées qui ont précédé la formation de Rome, qu'une seule forme de parenté (agnatique) parmi les populations où se sont recrutés les premiers habitants de la cité, on a été amené à dénier aux

[1] *Denys*, II, 25, οἱ συγγενεῖς μετὰ τοῦ ἀνδρὸς ἐδίκαζον. *Tacit.* Annal., XIII, 32 ; is prisco instituto propinquis coram de capite famaque conjugis cognovit; *Gell.* X, 23; *Suet.* Tib. 35 ; *Val. Max*, II, 9, 2. L'obligation des cognats de porter le deuil les uns des autres (*Ovid*, Fast., II, 616); le *jus osculi*, d'après lequel toute femme mariée pouvait être embrassée par ses cognats aussi bien que par ceux de son mari (*Plut.* qu. rom. 6; *Gell.* X, 23); la fête des Charistia (*Val. Max.*, II, 1, 8) paraissent des souvenirs d'une époque à laquelle n'existait pas encore le droit rigide et exclusif du mari propriétaire sur sa femme et ses enfants.

plébéiens l'institution de la *gens* — ce qui, à certains égards, est inexact. La *gens*, dans tous ses éléments juridiques constitutifs, existait chez eux comme chez les patriciens; les plébéiens, en effet, de même que les patriciens, possédaient le *nomen gentilicium*, le *cognomen* ainsi que les droits d'hérédité et de tutelle entre les gentiles. Une différence existait cependant, et cette différence a dû être essentielle, puisque dans les premiers siècles de Rome la caste patricienne fondait tout son orgueil sur la possession exclusive de la *gens*. — *Semper ista audita sunt eadem, penes vos auspicia esse, vos solos gentem habere*[1]. Quelle était donc, et d'où pouvait provenir cette différence?

S'il nous est permis de hasarder une conjecture, dans une question aussi obscure et aussi éloignée de toute preuve historique, nous dirons qu'il est possible que le contraste, observé aux origines de Rome entre les gentes patri-

[1] *Liv.* X, 8; V, 14.

ciennes et les gentes plébéiennes, provienne d'une divergence originelle dans les systèmes de parenté.

L'État romain, à l'époque que l'on place sous le nom de Romulus, se constitua au moyen des clans puissants de l'ère préhistorique, en possession des « pagi » de la campagne romaine. Ces clans formaient des *gentes* d'une nature particulière; c'étaient des groupes dans lesquels la parenté agnatique (longtemps peut-être avant la fondation de Rome) s'était substituée à la parenté cognatique. Ces *gentes* étaient composées d'individus qui pouvaient citer ou nommer leur père — « *qui patrem ciere possunt*[1], » — et, reconnaissant un père à leur tête, elles s'appelaient patriciennes.

[1] *Liv.* X, 8; *Denys*, II, 8. — Telle était dans l'antiquité l'étymologie vulgaire du mot *patricien*, que Denys nous rapporte, en la repoussant, il est vrai, comme indigne de la grandeur romaine. — La tradition que ce scrupuleux historien avait recueillie est cependant digne d'attention; voici comment elle représentait la fondation de la cité sous

Le principe constitutif de la « gens patricia » reposait sur l'idée de paternité religieuse, d'une

Romulus : « Il y avait primitivement deux classes d'individus : l'une comprenant les hommes qui « seuls pouvaient « désigner leur père, » et qui, pour cette raison, furent nommés patriciens ; l'autre renfermant ceux qui ne pouvaient indiquer quel était le père ingénu qui leur avait donné naissance, et qui furent appelés plébéiens. A l'appui de cette version, la tradition ajoutait que, lorsque les rois jugeaient à propos d'assembler les patriciens, les hérauts les appelaient par leur nom propre et par celui de leur père ; au lieu que, lorsqu'il s'agissait d'assembler les plébéiens, les hérauts les convoquaient en masse au son d'une corne de bœuf.

Denys s'inscrit en faux contre une pareille explication ; il considère comme une calomnie envers le peuple romain de supposer à ses origines une catégorie d'individus qui, comme des vagabonds, n'auraient pas été en état de tracer leur généalogie paternelle. A ses yeux, la distinction entre les patriciens et les plébéiens prend sa source dans un autre ordre de motifs et repose sur des considérations économiques. Romulus, croit-il, sépara les riches, les gens de qualité, les illustres, d'avec les pauvres, les petites gens, la lie du peuple. Les hommes délaissés par la fortune, on les nomma plébéiens ; ce sont ceux que les Grecs appelleraient « démotiques. » Ceux au contraire qui étaient mieux favorisés par la fortune furent désignés sous le nom de paternité consacrée par les dieux : les clans, fondés sur ce droit religieux particulier, for-

Patres, soit parce qu'ils étaient plus âgés que les autres, soit parce qu'ils avaient des enfants, soit à cause de l'éclat de leur naissance, soit pour toutes ces raisons réunies. Les raisons que je rapporte, continue Denys, sont également indiquées par les auteurs les plus dignes de foi qui ont écrit de la république romaine. Et l'on peut remarquer que la distinction opérée sous Romulus est semblable à celle qui régnait dans l'ancienne république athénienne : chez les Athéniens, le peuple était alors partagé en deux corps ; ils appelaient *Eupatrides* ceux qui valaient par leurs richesses les familles riches et illustres qui gouvernaient l'État ; ils donnaient le nom de Paysans, de Rustiques, à ceux qui ne possédaient aucune voix politique dans la république.— Or, l'explication de Denys, que nous donnons en abrégé, et la version vulgaire sur l'origine des patriciens et des plébéiens, ne s'excluent nullement : l'une et l'autre peuvent avoir été vraies simultanément ; la parenté agnatique, en Grèce et à Rome, a dû, comme elle paraît l'avoir fait parmi d'autres populations de l'antiquité, se développer premièrement dans les familles riches ; — accroissement de richesse, transformation dans le mode de succession aux biens, et modifications dans le système des parentés, sont des phénomènes qui paraissent s'enchaîner dans l'histoire des peuples antiques.

mèrent peu à peu une Église, leurs membres un clergé; leur droit religieux se transforma aux origines de la cité, en une notion de droit politique étroit, et l'expression « patricii » désigna les « gentiles » des clans dominants, par opposition aux « gentiles » des clans inférieurs, les Paysans, les Rustiques, qui n'étaient pas organisés sur le principe patriarcal; ce fut une antithèse, en quelques points, analogue à celle que nous retrouvons chez les Touâreg entre les « fils de leur père » et les « fils de leur mère. »

La *gens patricia* devint une particularité spécifique de la caste des hauts propriétaires se mariant entre eux [1].

[1] Nous avons dit que le symbole du rapt dans leurs cérémonies matrimoniales indiquait que les Grecs et les Romains avaient dû, dans les temps reculés, être exogames. Sous l'influence combinée de la parenté par les femmes et de l'exogamie, une tribu peut avoir acquis une balance telle entre le nombre des hommes et celui des femmes, que ses membres aient pu se marier entre eux (à l'intérieur de la tribu), sans enfreindre le principe de l'exogamie qui

Quant aux *gentes* plébéiennes, à l'époque où les clans précédents se reconnurent comme une caste à part, elles étaient encore des *gentes* naturelles, non réformées d'après le droit agnatique religieux. Les auteurs latins nous disent qu'à l'origine de l'État romain, les plébéiens n'étaient point encore *patres familias ;* il n'existait d'hommes jouissant de cette qualité que

défendait les unions entre parents, puisque dans cette tribu les individus de nom différent, issus de souches diverses, se considéraient comme non-parents.

Pareille tribu a pu, à la suite de succès en guerre, devenir assez fière pour former une caste, puisqu'elle était indépendante des autres tribus relativement au mariage — et enfin elle a pu interdire complétement le mariage avec les tribus moins estimées tenues pour inférieures ; généralement l'introduction de la parenté par les mâles a contribué à la formation de la caste, et peu à peu a effacé le principe de l'exogamie. Une des conséquences de ce droit de *connubium* au sein d'une tribu locale a été de substituer au mariage par violence (rapt), le mariage par acquisition pacifique au sein de la tribu ; les institutions du mariage dérivent en effet principalement de la vente chez les peuples aryens et en particulier chez les Romains (voy. Rossbach, Unters. üb. die Rœm. Ehe, p. 237, Stuttgart, 1853).

dans la communauté noble des *gentes* patriciennes.

Les principes de l'agnation, que nous trouvons, à l'époque historique, communs aux plébéiens et aux patriciens, peuvent ne s'être développés pour les classes plébéiennes qu'après que l'État des *Patres* ou propriétaires eut revêtu une forme définitive et exclusive ; c'est-à-dire trop tard pour attribuer à leur *gens* une valeur en tant que corporation politique. L'introduction générale dans les mœurs de la parenté agnatique permit bien aux clans plébéiens, comme aux clans patriciens, de se considérer par suite d'une fiction rétrospective comme issues d'un ancêtre mâle, mais non de faire entrer leur *gens* dans le cercle étroit de l'État des anciens *Patres*. Ce cercle fut fermé de bonne heure, et c'est tout au plus dans les premiers temps de Rome qu'on aperçoit des clans, jusqu'alors plébéiens, s'organisant sur le type des *gentes* patriciennes et acceptés par ces dernières dans leurs rangs sous le nom de *gentes mi-*

nores[1]. L'agnation, en pénétrant dans la couche plébéienne, se manifesta surtout dans la *famille individuelle*, déjà distincte du clan, et non plus dans la *gens* — la famille des temps passés — sur la constitution de laquelle elle ne pouvait plus influer au point de vue politique.

[1] On rencontre dans plusieurs *gentes* patriciennes des familles plébéiennes; par exemple, dans la gens Cornélia, les Scipions et Sylla étaient patriciens, les Lentulus, Céthegus, plébéiens : même phénomène dans les gentes Atilia, Junia, Claudia (*Cic.*, De Or., I, 39; *Asc.*, p. Scaur., 33, p. 25 *Orell.*). Cette anomalie tient généralement soit à des *transitiones ad plebem* (Dolabella, Claudius, L. Minucius), soit à des *transitiones a plebe* (*Cic.* de leg., II, 3; *Suet.* Ner., I), quelquefois à la reconnaissance d'un étranger admis au droit de cité et qui prend le nom de son bienfaiteur (les Sylla Cornéliens). — Cependant, des cas tels que celui cité par Tacite (Annal., III, 48) et celui de Cicéron (*Cic.* Brut., 16) restent inexpliqués; peut-être pour quelques gentes patriciennes, à l'origine de l'État romain, l'État des patriciens (c'est-à-dire la reconnaissance politique des *gentes agnatiques*) s'était-il fermé avant que tous les rameaux de leur *gens* ne fussent passés au régime agnatique? Ces rameaux seraient par conséquent restés en dehors de la cité patricienne primitive et quoique d'une *gens* noble seraient demeurés plébéiens.

Dès les premiers siècles, ce sont, en effet, les familles individuelles qui sont en vue et jouent le principal rôle : l'histoire de Rome alors se résume dans la lutte de la *famille* plébéienne contre la *gens* patricienne. Tous les efforts des plébéiens, qui n'ont point de *gens* dans le sens politique et religieux du mot [1], tendent à détruire la théorie de la gens sacrée, et à émanciper l'état de cette religion des Patres qui considérait le *jus sacrorum* comme comprenant seul le *jus magistratuum*.

La différence entre les *gentes* patriciennes et les *gentes* plébéiennes n'était donc pas originelle : ce qui manquait aux dernières, c'était la reconnaissance politique et légale dans la

[1] Dans le langage vulgaire, les anciens eux-mêmes ne faisaient aucune difficulté d'attribuer aux clans plébéiens le nom de *gentes* : *gens Ælia*, Paul Diac., p. 94. M. et Varron, r. r. 1, 2, *gens Fonteia*, Orat. p. dom., 44 ; les principales *gentes* plébéiennes sont énumérées dans Drumann, Rom. Gesch. Cœcilia, Calpurnia, Pompeia, Licinia ; cf. Encyclop. Ersch und Gruber, III[te] Sect. 13ter Theil, 341, 348.

cité patricienne, où elles ne possédaient ni les auspicia ni les sacra — mais si, au point de vue de l'État, elles ne valaient pas comme *gentes*, au point de vue du droit privé, elles étaient identiques aux *gentes* patriciennes.

Lorsqu'on dit du plébéien qu'il n'a pas de *gens*, il faut entendre que sa *gens* n'a point de *pater*, c'est-à-dire de patriarche religieux — tout comme on écrit de lui : « patrem non habet, » même lorsqu'on connaît parfaitement l'homme qui l'a engendré [1]; c'est qu'en effet, dans la gens plébéienne *primitive*, il n'y a point de père consacré par la religion : on n'y connaît point le *justum matrimonium* ou les justes noces (*justæ nuptiæ* [2]), et les plébéiens ne contractent pas les mariages d'après les règles

[1] Par exemple dans le cas d'Anc. Marcius, Cic. de rep. II, 18; Sen. ep. 108.

[2] La plus ancienne forme du mariage romain, par lequel le mari obtenait sur sa femme *in manu* une véritable *patria potestas*, ce que Liv. 34, 7, nomme *servitus muliebris*.

sévères des patriciens — *connubia promiscua habent more ferarum.*

Il est probable que la réforme agnatique fut longtemps retardée ou empêchée dans la *gens* plébéienne par l'absence de propriété : le droit de propriété est en effet ce qui distingue l'ancienne *gens* patricienne ; le plébéien, à l'origine, n'était pas propriétaire.

Quoi qu'il en soit de ces diverses hypothèses, on peut croire que l'institution de la tribu a précédé et non suivi celles de la *gens* et de la *familia* — la tribu est le plus ancien organisme des sociétés barbares. Aussi, dans les communautés politiques grecques et romaines, ses institutions disparaissent-elles de bonne heure ; la personnalité indépendante de chacune des tribus qui composèrent la Rome primitive, n'a guère laissé de traces que dans le « *jus sacrorum.* »

Dans cette tribu se forment les institutions des *gentes*, elles-mêmes d'une si haute antiquité qu'il est souvent impossible de distinguer la gens de la tribu [1]. Lorsque commence l'histoire authentique de Rome le système de la tribu avait depuis longtemps été dépouillé de ses traits principaux : celui de la *gens* même tendait à disparaître sous l'influence de la parenté agnatique. La propriété se trouvait déjà localisée dans les familles distinctes de la *gens*, et la séparation entre la *gens* et ses branches s'augmentait de jour en jour.

Les familles étaient bien encore théoriquement constituées en *gentes*, et les *gentes* en tribus, — dans un but politique — et les *gentiles* possédaient bien encore le *spes successionis*, mais les lois de succession introduites

[1] Quelques tribus à Rome portaient les mêmes noms que certaines gentes patriciennes : *Emilia; Cornelia; Fabia; Claudia, nunc a quo diffunditur et tribus et gens per Latium* (Virg. Æn., VII, 707). Les premiers établissements des Latins ont eu lieu sous la forme des *pagi*, ou associations des individus d'un canton ; ces pagi se sont conservés sur le territoire de Rome dans la division postérieure des tribus *rusticæ*, qui perpétuèrent ou reçurent les noms des anciens *pagi*.

avec la propriété de la famille restreinte ne laissaient plus considérer, comme réellement parentes, qu'un très-petit nombre de personnes; enfin vint une époque à laquelle les jurisconsultes déclarèrent que toute consanguinité cessait avec les dénominations des sept degrés de parenté[1].

Les étapes parcourues par les peuples anciens jusqu'à la formation de la cité, paraissent donc avoir été signalées par une série de fractionnements et non par une série d'agrégations. Aux époques barbares, c'est la *tribu* qu'on aperçoit comme groupe initial : au sein de cette tribu se dessinent des *clans*[2], composés de pa-

[1] Cf. *M' Lennan*, l. c. p. 283-285.

[2] Qu'était-ce que la *phratrie*, que nous trouvons dans la cité ainsi que la curie, comme intermédiaire politique entre la tribu et le clan? ses membres étaient-ils unis par les liens du sang? On n'en est pas certain, malgré l'appellation patronymique de la seule phratrie qui nous soit parvenue) φρατρία Ἀχνιαδῶν, corp. inscr. gr. n. 463). La phratrie peut n'avoir été à l'origine qu'une *fraternité* de guerriers, une union religieuse constituée dans des vues militaires,

rents par les femmes ; puis, dans le cours des temps, et longtemps avant l'époque historique, ces clans se scindent en familles patriarcales *individuelles*.

parallèlement aux institutions civiles du clan ; si l'idée de la descendance d'un auteur commun a prévalu aux époques historiques parmi ses membres, c'est que la parenté agnatique a dû surtout se développer dans le milieu de pareilles confréries (voyez page 153). L'antiquité de la phratrie, de même que celle du *genos*, est telle, que chez les Grecs les idées de phratrie et de tribu sont parfois confondues ; ainsi Hérodote, IV, 149, appelle les Ægéides de Sparte une tribu, et Aristote une phratrie de Thébains ap. Schol. ad Pindar. Isthm. VII, 8. Rien ne prouve cependant que l'organisation de la phratrie ait été antérieure à celle du genos. Chez les Tcherkesses les idées de *fraternité* et de tribu sont également très-voisines et comme superposées à celle du clan. (*V. Lapinski*, Die Bergvœlker des Kaukasus, 1863 ; *Stan. Bell.*, Journal d'une résidence en Circassie, trad. par L. Vivien, Paris, 1841.) Les *tleuchs* (ou tlako, génération, descendance) sont de grandes fraternités, composées parfois de 2 à 3,000 individus frères entre eux, et, quoique sous le régime patriarcal, ces tleuchs semblent encore conserver quelques traces de cette parenté par couches de générations, qui a régné autrefois chez tant de peuples de l'Asie.

CHAPITRE VI

§ 1.

Antithèse de la famille maternelle et de la famille patriarcale: celle-ci est due aux progrès de la civilisation; s'aperçoit d'abord chez les classes riches d'une population; puis devient le patrimoine des races supérieures, qui l'imposent par la conquête.

Le régime patriarcal se présente dans l'histoire moins comme une germination spontanée et primordiale que sous l'aspect d'une réaction contre un état social antérieur; chez quelques peuples de l'antiquité on le voit même s'établir, soit à la suite d'une révolution locale, soit après une conquête, comme une loi d'ordre politique et d'organisation civile, en opposition avec le droit naturel de la descendance par les femmes.

Certains traits des vieilles légendes de la Grèce et de Rome, qui témoignent d'une transition entre deux périodes de civilisation, indiquent même que la réaction a pu s'opérer à un moment déterminé de l'histoire d'un peuple. Nous en avons un exemple dans les tragédies d'Eschyle : la trilogie de l'Orestéide reproduit l'écho lointain d'une lutte entre deux conceptions différentes de la famille, lutte remontant à une époque perdue dans la nuit des temps, et dont le sens était inintelligible aux Grecs de l'époque historique.

Oreste, pour venger son père, a tué sa mère. Est-ce un coupable ? Est-ce un juste ? Faut-il punir un meurtrier, ou acquitter un héros ? Le procès qui s'engage sous les auspices d'Athéné, va décider lequel du père ou de la mère a la valeur la plus grande pour la famille et la société. Les Erinnyes se présentent contre le meurtrier, exigeant une condamnation qui vengera Clytemnestre, tandis qu'Apollon et Athéné, défenseurs d'Oreste, réclament son acquittement. Or, un trait saillant caractérise ces deux divinités : le poëte, d'après la légende, les représente comme « inaugurant un droit nouveau, qui détruit l'ancien état des choses. » L'Erinnys, qui ne connaît que le vieux droit, celui du sang maternel, et ne tient aucun compte de celui du père, interpelle Oreste, et lui demande pourquoi il a porté la main sur sa mère :

Oreste : « Elle a tué son mari, elle a tué mon père........ pourquoi ne l'as-tu pas poursuivie « pendant sa vie ? »

Erinnys : « Elle n'était pas *parente par le* « *sang* de l'homme qu'elle a tué. »

Apollon, qui plaide en faveur d'Oreste et lui a ordonné de venger Agamemnon, intervient dans le débat, et expose aux juges la théorie des deux *droits* en présence, en accordant la préférence au *droit paternel*.

« Écoutez, dit-il, ce n'est pas la mère qui crée ce qu'on appelle son enfant ; elle n'est que la nourrice du germe déposé dans son sein. C'est le père qui enfante, et la mère, comme un dépositaire étranger, conserve le dépôt... On peut être père sans mère... Voici comme preuve la propre fille de Jupiter olympien, qui n'a jamais été nourrie dans les ténèbres du sein maternel, et quelle divinité cependant a jamais produit plus noble enfant ? »

« Mais — interrompent aussitôt les Erinnyes, par là tu détruis les puissances d'autrefois. Toi, le jeune dieu, tu veux nous renverser, nous les anciens ! »

Et, lorsque Athéné, par son suffrage, a fait absoudre Oreste, l'Erinnys, accablée de douleur, s'écrie : « O dieux nouveaux, vous détruisez la vieille loi, et arrachez de mes mains le droit des anciens âges ! »

Ce n'est pas un simple duel de dialectique qui s'agite entre les dieux, mais une lutte vitale entre deux principes différents de civilisation. Le drame d'Eschyle, qui se passe dans un monde mythique, représente un drame de l'histoire aux âges héroïques, à l'époque inconnue où le droit du père triomphe du droit de la mère. La victoire du premier inaugure un nouvel ordre de famille, et dorénavant l'ancien système de parenté est abandonné. Dans la primitive Athènes, d'après un passage de Varron, conservé par saint Augustin[1], les enfants *portaient le nom de leur mère*, et les femmes même jouissaient du droit de vote dans l'assemblée publique; la légende voulait que ces coutumes eussent été abolies sous le règne de Cécrops, le premier qui avait « donné *un père* aux enfants, et établi l'institution du mariage[2]. »

Le droit civil de Rome à ses origines porte également le cachet d'une réaction, et d'une réaction consciente, contre une période antérieure de civilisation, pendant laquelle l'épouse n'était pas encore soumise à l'autorité maritale, ainsi que nous la voyons à l'époque historique,

[1] Civ. Dei, 18, 9.

[2] Clearch. de parœm. ap. *Athenæum*, p. 155. F. hist. gr., II, p. 319, édit. Didot.

où, même veuve, elle est toujours en puissance masculine. A voir la rigidité des vieilles lois romaines, on croirait que les Quirites, honteux d'être nés d'une femme, aient voulu, comme Caton, « donner un frein à cette nature incapable, à cet animal indompté (indomito animali). Nos pères, dit le sévère censeur, *ont voulu* (voluerunt) que les femmes fussent en la puissance de leurs pères, de leurs frères, de leurs maris,... rappelez-vous toutes les lois par lesquelles nos pères ont enchaîné la liberté des femmes, par lesquelles ils les ont courbées sous le pouvoir des hommes — aussitôt seulement qu'elles auront commencé à devenir vos égales, elles seront vos supérieures [1]. »

Dans l'Inde, la civilisation brâhmanique a la même apparence de réaction et de protestation contre les femmes et les sociétés fondées sur le principe utérin. Dans la période vêdique, l'épouse, compagne vénérée du père, n'est en au-

[1] *Caton*, pro lege Oppia, Tite-Live, XXXIV, 2.

cune façon l'humble servante de son mari ; elle jouit des mêmes droits que l'homme, dont elle est moralement l'égale ; sa personnalité est entière. Après l'établissement de la société brâhmanique dans les vallées du Gange, la considération, dont jadis était entourée l'épouse, semble au contraire s'altérer au contact des sociétés féminines des populations dravidiennes, et l'on remarque dans les lois matrimoniales des Hindous, dans leur conception de la famille, un esprit profondément étranger au respect primitif pour la mère de famille [1].

[1] XXIX... « From the want of a motive for deviation or « through fear of the people or of their kindred, unbridled « women may remain within the bounds of duty, faithful to « their husbands ; but, neither through fear of moral law, « nor through severe reprehension, nor from any motive « of regard for wealth, or on account of their connexion « with kindred and family, are women constant to their « husbands. Matrons envy women who live by prostitution, « the bloom of youth they possess, and the food and appa- « rel they receive. Though men be lame, or otherwise con- « temptible, there is not any man in this world, insuffera-

§ 2.

Vestiges de l'ancienne organisation de la famille par les femmes dans le droit civil, politique et religieux de l'Égypte.

L'âge auquel ont pu régner, parmi les populations historiques, les institutions de la famille utérine, est si reculé, les documents sont si rares, si fréquemment défigurés par les mains qui nous les ont transmis, que la critique hé-

« ble to women... if they have no possible access to men, « they seduce each other... fire is not satiated with wood, « nor the ocean with rivers, nor death with all beings, nor « woman with man. Final destiny, wind, death, the infer- « nal regions, poison, venomous serpents and devouring « fire, all united, are not worse than women. »

Digest of hindu Law, translated from the sanscrit by Colebrooke, London, 1801, vol. II, 393.

site à tout instant dans sa marche et sur les questions les plus graves. Faut-il, en particulier, lorsqu'on rencontre, dans les ruines d'une des grandes nations de l'antiquité classique, des débris du régime maternel, les assigner à l'histoire primitive de cette nation, ou bien au contraire les attribuer à la culture moins avancée d'un peuple vaincu? Ce double système de parenté, par les femmes et par les mâles, marque-t-il la simple transformation d'une même société, ou bien l'antithèse de races différentes sur le même territoire?

Ce doute s'impose notamment à l'égard de l'Égypte ancienne, où nous avons signalé l'existence de deux sortes de nomenclatures — les unes, mentionnant la parenté maternelle; les autres, la filiation masculine [1]. Ces nomenclatures paraissent indiquer des institutions domestiques contradictoires et peuvent appartenir, soit à des époques distinctes du dévelop-

[1] Voyez chap. I, p. 21-24.

pement social en Égypte, soit à des couches séparées de la population. L'histoire d'Égypte présente en effet dans l'ordre civil et politique la trace de deux courants de civilisation opposés, qu'on peut croire issus de conceptions différentes de la famille : l'un caractérisé par le régime impérial des Pharaons, l'autre par le rôle prééminent attribué aux femmes tant dans la vie privée que dans la vie publique.

Les mœurs accordaient en Égypte à la femme, soit comme mère, soit comme épouse, une situation si singulière, que ce pays paraissait aux anciens Grecs un « monde renversé. » Hérodote [1] entre autres ne cache point sa surprise d'y voir les rapports entre les sexes absolument différents de ce qu'ils étaient dans son propre pays : « les femmes, dit-il, vont sur la place

[1] *Her.* II, 35. — *Sophocle*, Œdipe à Colon. 339, confirme en ces termes la version d'Hérodote : « Semblables aux Égyptiens, chez qui les hommes font les ouvrages des femmes, tandis que celles-ci traitent les affaires, ils se tiennent renfermés chez eux... »

« publique, font le commerce et s'occupent « d'industrie, tandis que les hommes demeu- « rent à la maison et tissent. »

Et Diodore, dans un passage célèbre[1], ajoute : « En raison des nombreux bienfaits « d'Isis, il avait été établi que la reine rece- « vrait plus de puissance et de respects que le « roi ; ce qui explique pourquoi chez les parti- « culiers l'homme appartient à la femme selon « les termes du contrat dotal, et qu'il est sti- « pulé entre les époux que l'homme obéira à la « femme. »

Faut-il prendre la version des deux auteurs grecs au pied de la lettre et admettre, en effet, chez les Égyptiens pareille interversion des rôles ordinaires de la femme et de l'homme dans la vie publique et dans la vie privée ? Un état social si étrangement caractérisé, si profondément contraire à celui de la plupart des peuples classiques, devrait avoir laissé des traces non

[1] Diod. I, 27.

équivoques dans les nombreux monuments qui nous sont parvenus du peuple égyptien lui-même : or, nulle part, ni les inscriptions, ni les bas-reliefs, ne confirment d'une manière évidente les assertions péremptoires des historiens grecs: nulle part l'Égypte n'offre une suite de monuments accusant une société dans laquelle les maris, entièrement soumis à leurs épouses et assujettis aux travaux domestiques, auraient abandonné les affaires publiques à leurs femmes.

— Les témoignages propres à appuyer les récits d'Hérodote et de Diodore ne font pas, il est vrai, absolument défaut, mais sont d'une nature indirecte et d'une valeur discutable. En ce qui concerne la mutation des fonctions domestiques entre l'homme et la femme, qui choquait Hérodote chez les Égyptiens, on l'observe de nos jours chez plusieurs nations de l'Asie, de l'Afrique, et presque aux portes de l'Égypte, parmi les populations du Semhar, chez lesquelles les femmes, d'après Munzinger, considèrent comme un déshonneur de *tisser* et de *filer*. « Dans le pays d'Angola, l'office des femmes est de vendre, d'acheter et de faire au dehors tout ce qui est le partage des hommes dans les autres pays, tandis que leurs maris gardent la maison et sont occupés à filer, à fabriquer les étoffes ou à d'autres ouvrages de même nature[1]. » Gordon Laing, dans son voyage chez les Timannis, Kurankos et Sulimas, rapporte que parmi quelques-unes de ces peuplades, l'unique occupation des hommes est de tisser, filer, coudre, traire les vaches ; les femmes se livrent seules à l'agriculture, au commerce.

Les mœurs que signalent Hérodote et Diodore offrent encore une certaine analogie avec celles que l'on rencontre actuellement au sud de l'Égypte, chez les Bazes et les Barea, parmi lesquels ces coutumes sont en intime corréla-

[1] Collect. de Voyages, Walkenaer, t. XIX, p. 131.

tion avec l'organisation de la famille utérine. Dans la même région, entre l'Égypte et l'Abyssinie, chez les Bogos et les Beni-Amer, la situation des femmes est remarquable : elles jouissent d'une véritable autorité dans la maison ; chez les Beni-Amer, il est même d'usage que les femmes affectent de mépriser publiquement et de dédaigner leurs maris ; elles ne montrent du respect et de l'affection qu'à leur frère utérin. Chez les habitants de Sarœ, la femme est non-seulement l'égale de l'homme, mais elle a encore plus de pouvoir et de considération dans la vie privée que parmi les Bogos [1].

Ces exemples, que nous pourrions multiplier, prêtent quelque crédit à la peinture que trace Diodore de la société conjugale en Égypte, dont la physionomie rappelle celle du mariage à Sumatra et dans l'Inde, où l'époux, dans

[1] Sur toutes ces populations, voyez l'excellente étude de W. Munzinger, Ostafrikanische Studien. Schaffhausen, 1864.

l'union par Ambel-Anak et Beena, ne possède aucune autorité sur sa femme et sur ses enfants : il « appartient » réellement comme un esclave, soit à sa femme, soit à son beau-père.—

Les prérogatives attribuées en Égypte aux femmes de condition privée se rattachent, d'après l'historien grec, à la puissance exercée par les reines.

Cette prééminence dans la sphère politique se constate, depuis les temps les plus reculés, dans les contrées du sud de l'Égypte, où le sexe féminin paraît avoir joui d'une condition privilégiée ; « que l'on se rappelle, écrit M. Lepsius [1], combien il est fréquent que nous rencontrions la mention de reines régnantes chez les Éthiopiens... nous voyons parfois sur les monuments de Meroe des reines très-guer-

[1] *Lepsius*, Ægypt. Brief. s. 181.

rières et qui, sans aucun doute, ont exercé le commandement. »

Une vieille loi, attribuée par un fragment de Manéthon à Binothris ou Biophis, roi de la IIme dynastie, statuait que les femmes pourraient exercer la royauté, et, en effet, non-seulement à l'époque des Ptolémées, mais encore sous les dynasties indigènes, l'importance accordée aux reines, dans l'organisation politique de l'Égypte, est un phénomène caractéristique, en opposition complète avec les idées grecques ou romaines sur l'État. Le rôle de la reine devient inexplicable si l'on ne le rapporte à l'organisation de la famille par les femmes ; la Reine devait puiser ses prérogatives dans la situation faite anciennement à l'élément féminin par les mœurs populaires, dont la religion perpétuait la tradition.

Diodore est d'ailleurs explicite sur ce dernier point : il fait dériver les attributions civiles et politiques des femmes, du droit religieux d'Isis.

A côté de cultes d'un ordre plus relevé, existait en Égypte une antique religion, éminemment populaire et nationale, qui régna de tout temps d'une extrémité à l'autre de la vallée du Nil[1] — celle d'Isis.

La religion de cette déesse reposait uniquement sur le principe de la maternité. Isis appartient à ce cycle de divinités féminines dont les cultes remontent aux plus vieux jours de l'humanité; à ces déesses de la reproduction illimitée, conçues dans les premiers âges, alors que l'unique loi sociale et religieuse paraît avoir été la conservation de l'espèce. Isis, divinité beaucoup plus importante et plus honorée qu'Osiris, est une Magna Mater, la Mère-Nature, le principe même des choses, la donnée essentielle et immuable : Osiris n'est que le principe fécondant et passager; lui, l'époux, il est subordonné à sa femme, il est mortel; Isis est immortelle.

[1] Isis et Osiris, d'après Hérodote, étaient les seules divinités adorées d'un bout à l'autre de l'Égypte.

L'union de ce couple divin nous reporte aux époques où se contractaient les mariages de famille, comme chez les Hawaïens et les Malais. Le frère épouse sa sœur, et, à ce titre, il possède bien les qualités de mari et de père; mais la légende insiste fort peu sur sa « paternité; » nulle part Osiris ne s'intitule le père d'Horus; Isis au contraire déclare sur les monuments : « Je suis la mère du roi Horus — la sœur et l'épouse du roi Osiris — je suis Isis, la reine de toute la terre[1]. » Horus figure souvent sur les monuments avec sa mère, jamais avec son père ; on dirait qu'il ne le connaît pas.

La femme en Égypte est placée sous le patronage de la Grande Mère : la Reine est la représentante de la déesse, et, dans toutes les dynasties, assimilée à cette dernière; elle passe pour la mère du pays, pour la souveraine du monde ; elle est tour à tour Isis, la déesse aux mille noms, Neith, la mère des dieux, celle qui

[1] Inscription rapportée par Diodore, I, 27.

est venue d'elle-même, ou Hathor, la puissance de l'enfantement. Ses titres officiels sont Mère sainte, Chérie d'Isis, Mère, Dame des grâces, Image de la Grande Mère, etc...

Sa grande fonction — fonction religieuse et politique — c'est l'accouchement : on élève des sanctuaires en l'honneur de la délivrance royale ; à la plupart des temples égyptiens était joint un *mammisi*, c'est-à-dire « un lieu de l'accouchement, » comme il s'en trouve à Philœ et Ombos. Sur les monuments, on voit parfois la déesse présider en personne à la délivrance de la reine.

Dans le mammisi d'Hermonthis construit à côté du grand temple, la déesse fait elle-même l'office d'assistante ; dans celui du palais de Louqsor, on remarque une suite de bas-reliefs relatifs à la naissance du fondateur (Amenophis-Memnon) ; « on y a successivement représenté le dieu Thôt annonçant à la reine Tmauhemva, femme du Pharaon Thouthmosis IV, qu'Ammon générateur lui a accordé un fils ; la reine, dont l'état de grossesse est visiblement exprimé, est conduite par Chnouphis et Hathôr vers la chambre d'enfantement — puis cette même princesse est figurée sur un lit au moment de sa délivrance[1]. »

Ces monuments publics, qui semblent faire dépendre le droit au trône de la gestation maternelle, indiquent clairement l'importance que les Égyptiens attachaient au fait de la maternité. Eût-on pu songer, dans les beaux siècles de Rome ou d'Athènes, à exprimer à l'aide d'images sensibles la naissance d'un chef d'État, d'un patricien ou d'un Eupatride, et à établir aux yeux du peuple son état civil religieux par la grossesse de sa mère?

Le rôle que la reine a joué dans la plus grande partie de l'histoire d'Égypte paraît donc dériver d'une antique organisation de la famille par les femmes et d'une conception archaïque de la société conservée par la religion.

La famille royale égyptienne semble calquée

[1] *Champollion-Fig.* Égypte anc., p. 253.

sur les prototypes divins d'Isis et Osiris. La dignité de reine accompagne toujours celle du roi, soit comme mère, soit comme épouse, ou sœur — deux qualités assez fréquemment confondues. Le roi est auprès d'elle comme Osiris auprès d'Isis, son époux, mais dans le rôle ou sous l'aspect d'un fils [1]. Elle ne conduit qu'exceptionnellement le gouvernement, mais on dirait que le roi ne peut exercer le pouvoir suprême que sous les auspices de la reine, et que la puissance émane d'elle, comme si c'était la femme qui donnait l'investiture de la royauté.

— En Asie et en Afrique on voit souvent un rôle semblable dévolu à une femme, généralement une parente maternelle du prince. Dans

[1] Même parfois sur les monuments : ainsi nous rencontrons Sésostris, figuré sous les attributs d'Horus, c'est-à-dire en qualité de fils, auprès de sa mère Twéa. Le musée

ces dernières années, en Kordofan, le célèbre chef Mek Nassr ne régnait que sous les auspices de sa tante : elle assistait au conseil, portait la couronne et les insignes royaux. Un jour, Nassr, enorgueilli de ses victoires, ne lui montra plus les égards accoutumés; elle le déposa alors, appela près d'elle un autre de ses neveux, le couronna elle-même, et, malgré la rébellion de Nassr, l'institua chef légitime[1].

Cette idée que la légitimation du pouvoir résidait dans le principe féminin, se retrouve de nos jours chez plusieurs peuplades africaines : le successeur d'un chef prend possession du trône en épousant la veuve du défunt. Peut-être est-ce le sens contenu dans la légende

du Capitole à Rome possède une statue colossale en basalte noir de cette princesse; c'est un monument élevé par Sésostris en l'honneur de sa mère encore vivante et jouissant des honneurs et des titres de la royauté, l'inscription porte : « La Reine du peuple obéissant, royale mère de l'Horus « dominateur du monde, la divine Épouse, la dame du « monde, Twéa. »

[1] *Munzinger*, Ost. Stud., l. c.

égyptienne sur Sethos-Rhamsès : au moment de partir pour une longue expédition, le conquérant laisse le gouvernement d'Égypte à son frère Armaïs avec de pleins pouvoirs, mais sous la condition expresse de ne pas porter le diadème et de respecter la reine. Celui-ci, pendant l'absence de Rhamsès, se révolte, et, pour s'emparer du trône, commence par épouser la reine[1]. En Asie Mineure, les légendes relatives au changement de dynasties chez les Lydiens paraissent également faire résider le droit au trône dans la possession corporelle de la veuve[2].

Dans le Dahomey, à la mort du roi, sa sœur, ou à défaut sa plus proche parente maternelle doit demeurer en permanence assise sur le trône, nuit et jour, jusqu'à ce que le choix du successeur ait eu lieu. En général, la durée de

1 *Josephus* c. Apion. I, 15; *Bachofen*, MR., 113. C'est la même idée qui paraît avoir poussé Absalon à épouser les femmes de son père, encore vivant, sur le toit du palais à la vue de tout le peuple.

2 *Bachofen*, Die Sage von Tanaquil, § 3.

cette élection ne comporte que quelques jours; on a pourtant des exemples d'élections pendant lesquelles la sœur a dû occuper le trône durant plusieurs semaines de suite.

— Les priviléges si fréquemment attribués à la sœur parmi les populations africaines paraissent découler de la constitution de la famille par les femmes. La sœur, comme la mère, indiquant l'ordre de succession, y sont respectées comme la source du droit. En certaines tribus de cette contrée, la sœur du roi défunt est, par suite d'une fiction, considérée comme la *mère* de son successeur.

Dans la plupart des royaumes africains (au Loango, chez les Guanches des Canaries, au Monomotapa, à Madagascar) on aperçoit aux côtés du chef une femme revêtue du titre et de la dignité de *makonda* [1]. Ce titre est en général

[1] « Chez les Sakkalaves de Madagascar, les femmes de haut rang, les princesses de sang royal ne croient pas déroger en épousant de simples particuliers. Elles suivent d'autant plus librement leurs inclinations sur ce point, que

dévolu à la sœur du chef (fille de la mère) qui est en même temps la première épouse de son frère. Au Loango, elle jouissait de tant d'autorité, nous disent les voyageurs du XVIIme siècle, que le roi était obligé de prendre son conseil dans toutes les affaires : s'il l'offensait, elle avait le droit de lui ôter la vie de ses propres mains. Au Monomotapa, d'après le missionnaire Proyart, la makonda partageait l'autorité de l'empereur. Dans les familles du peuple la position de la makonda était très-honorée, son influence était absolue sur les autres femmes, sur les enfants, et même sur le maître de la maison. La sœur-makonda possédait au Loango

leurs maris, quand ils leur sont inférieurs par l'origine, ne sont jamais que leurs petits serviteurs; qu'ils n'acquièrent par leur mariage avec elles aucun titre au plus maigre emploi dans le gouvernement, et que le rang de la mère ou ses droits au trône passent à ses enfants, sans que la condition de leur père ternisse en rien l'éclat de leur naissance. » (*V. Noël*, Bull. soc. géog. Paris, IIme série, t. XX, p. 294.) — Dans la noblesse malgache, le mariage entre frère et sœur est commun.

des prérogatives si étendues, qu'elle avait toute liberté, quoique épouse en titre du prince, d'épouser ceux de ses sujets qui lui plaisaient, et de s'en défaire lorsqu'elle s'était lassée de ses maris. Edw. Bowdich, dans sa relation d'une mission anglaise chez les Ashantis, nous rapporte des traits analogues. Les sœurs du roi, dit-il, ont entière liberté d'avoir commerce avec qui bon leur semble, et si elles daignent épouser un de leurs sujets, il est comblé de faveurs par le roi, mais d'un autre côté se trouve littéralement l'esclave de la princesse. Si elle ou son enfant viennent à mourir, il est forcé de se donner la mort.

Les premiers voyageurs qui explorèrent la rivière de Gambie rencontrèrent chez les Jalofs un prince à côté duquel régnait une « sœur » aussi absolue et aussi despote que lui-même, elle était environnée de soldats qui lui obéissaient avec beaucoup de soumission, indépendamment des ordres du roi.

Rien n'est plus fréquent en Afrique que le

prestige dont est entourée la sœur du roi ou chef[1] : ce dernier lui accorde parfois le gouvernement d'une certaine zone ou d'une fraction de la population. Le missionnaire Wilson a remarqué chez les Ashantis qu'une femme régnait sur les femmes, pendant que son frère gouvernait les hommes, — fait que l'on doit rapprocher de la version de Nicolas de Damas, d'après lequel « chez les Abylles de la Libye

[1] *John Elph. Erskine* rapporte qu'aux îles Tonga, où les dignités et le rang se transmettent par la ligne féminine, les *sœurs* aînées ou les tantes du chef occupent un rang supérieur à celui du prince lui-même ou Tui-Tonga. Ces sortes de Makondas portent le titre de Tamaha. Le Tui-Tonga est l'ancien chef religieux de ces îles, mais comme au Japon le pouvoir temporel lui a échappé et se trouve aux mains d'un chef séculier. La dignité de Tamaha remonte à une ancienne phase de civilisation dans ces îles ; la situation des femmes y est encore sinon supérieure, du moins égale à celle des hommes ; peu de générations avant l'arrivée de Cook dans ces parages, la dignité de chef suprême était exercée par des femmes.

une femme régnait sur les femmes, et un homme sur les hommes[1]. » —

Revenons à l'Égypte. — Le rôle de la *sœur* auprès des Pharaons offre quelque analogie avec celui des Makondas auprès des chefs africains actuels. Aux côtés d'un Pharaon, nous apercevons presque toujours une *sœur*, « une sœur-épouse. » Sous les Ptolémées, toutes les reines ont porté le titre de *sœur et épouse* du roi, et dans les dynasties indigènes antérieures aux Lagides, rien n'est plus fréquent que la rencontre dans les cartouches royaux de ces deux épithètes, la qualité de sœur précédant celle d'épouse. La dignité de sœur donnée aux reines, parfois sans qu'il y eût parenté réelle entre le roi et sa femme, peut avoir été un

[1] *Nic. Damasc.* Fr. hist. gr., 3, 462; *Steph. Byz.*, Ἄβυλλοι; *Bachof.*, Mutterr., 19.

titre purement honorifique, indiquant à l'origine le droit du prince à la dignité suprême. Nous sommes cependant forcés d'admettre que le mariage entre frère et sœur de même sang, n'a pas dû être chez les Égyptiens un fait exceptionnel : Diodore nous rapporte en effet que ce genre d'union était recommandé aux Égyptiens par une loi religieuse, à l'exemple de la déesse Isis, qui avait épousé son propre frère[1].

Ce rôle officiel de la femme, soit comme sœur-épouse, soit comme mère[2], prend sa source dans une doctrine religieuse, qui paraît elle-même n'être que le reflet d'antiques institutions domestiques. La haute situation dont a joui la sœur chez les peuples Éthiopiens, est d'ailleurs expressément rattachée par un auteur ancien aux institutions de la famille utérine : Nicolas

[1] *Diodore,* I, 27. — Comp. avec ce que nous avons dit à ce sujet, chap. I, § 4.

[2] Certains princes égyptiens sont représentés sur les monuments entre leur mère et leur femme ou sœur ; voy. *Champollion-Fig.*, Égypte anc., 317.

de Damas[1] après nous avoir appris « que les rois éthiopiens laissaient leur pouvoir, non à leurs enfants, mais à ceux de leur sœur » — ajoute : « les Éthiopiens ont tout particulièrement leurs *sœurs* en honneur. » Ce prestige religieux de la sœur a dû régner autrefois chez toutes les populations de la vallée du Nil, et se traduire dans les mœurs par une influence réelle attribuée à celle qui était revêtue de cette dignité. Cette influence chez les Égyptiens a pu être suffisante pour permettre à une *sœur* de protéger son frère, étranger sans droits et hors la loi du pays : lorsqu'Abraham se réfugia en Égypte, son premier soin fut de convertir sa femme en une sœur, et de se placer sous son patronage : « Sarah, dis, je te prie, que tu es ma sœur, afin que je sois bien traité à cause de toi, et qu'ils me sauvent la vie à ta considération[2]. »

[1] *Nic. Damasc.* Fr. hist. gr., 3, 463.

[2] Genèse, chap. XII.

— Ces divers traits, quoique assez vagues, laissent déjà entrevoir que des éléments étrangers au régime patriarcal ont dû concourir à la conception et à la constitution de la famille en Égypte : un passage d'Hérodote vient nous apporter un renseignement plus précis, et, si l'on était autorisé à en déduire toutes les conséquences juridiques, il donnerait à penser que la famille a pu être à une époque ancienne entièrement constituée du côté maternel, comme chez les Bazes d'Abyssinie.— La loi en Égypte, dit-il [1], impose, non aux fils, *mais aux filles*, même contre leur gré, l'obligation de nourrir leurs vieux parents. — Pareille prescription légale ne peut raisonnablement s'adresser qu'à ceux des enfants qui héritent, c'est-à-dire à ceux qui, avec les bénéfices de la fortune, doivent en supporter les charges.

En rapprochant de la loi, citée par Hérodote, les inscriptions qui mentionnent si fréquemment

[1] *Her.*, II, 35.

dans la vallée du Nil, la *parenté maternelle* [1], est-il permis de supposer qu'à une certaine période de la civilisation égyptienne, *les biens et le nom* se sont transmis par les femmes, ainsi que chez les Bega de Meroe, les peuples du nord de l'Abyssinie, les Touâreg, etc. ? A-t-il réellement existé en Égypte deux systèmes de famille opposés, dont les effets se manifestent tantôt simultanément, tantôt successivement dans l'histoire de cette contrée célèbre ? N'ayant pas qualité pour nous prononcer dans une question réservée aux égyptologues, nous la signalons simplement à leur attention.

[1] Voyez p. 21-25. — Les inscriptions relatant la parenté maternelle se rapportent pour la plupart aux derniers temps de l'histoire égyptienne. Faut-il en conclure que l'usage de cette nomenclature a pris naissance pendant la dernière phase du développement égyptien ? Nous ne le pensons pas ; il serait en effet surprenant qu'un semblable phénomène eût surgi vers la fin d'une civilisation florissante et que la société égyptienne eût alors soudainement et sans motifs connus rétrogradé jusqu'aux institutions des époques barbares. La vraisemblance invite plutôt à considérer cette mention de la parenté maternelle comme une épave des temps archaïques.

§ 3.

Le régime patriarcal est souvent imposé par la conquête.

Si l'interprétation des textes hiéroglyphiques permet un jour de répondre affirmativement, on pourrait justifier l'existence de ce double droit civil, soit par le progrès naturel de la civilisation dans la vallée du Nil, soit par le fait d'un mélange de races, et d'une conquête en cette contrée. Dans cette dernière hypothèse (à la vérité, assez difficile à accepter en ce qui concerne l'Égypte), on devrait considérer les institutions patriarcales, comme le patrimoine d'une race conquérante, et les fragments d'institutions de la famille utérine, comme les débris d'un vieux droit éthiopien légués par les âges primitifs.

Nous possédons quelques exemples d'une semblable importation du régime patriarcal par le moyen d'une conquête au milieu d'une population qui suivait auparavant la filiation féminine.

Sur toute la côte orientale de l'Afrique a cours une légende qui rapporte l'introduction du droit paternel à un événement précis, à la conquête. « C'est, disent les indigènes, le fils de Salomon et de la reine de Saba qui, instruit dans la religion des Hébreux, vint à la tête d'une armée renverser les anciennes lois, et détruire le règne des femmes; depuis cette époque, les enfants des rois succédèrent au trône, contre la loi immémoriale qui établissait la succession dans la ligne des filles [1]. »

Dans la province de Matatane à Madagascar, la tradition attribue pareille innovation à une armée envoyée « par le khalife de la Mecque

[1] Le Père *Lafitau*, Hist. des découvertes des Portugais, II, 77; Paris, 1783.

pour instruire les insulaires dans la loi du Coran; leur chef épousa une femme du pays, sous la condition que les enfants qui proviendraient de leur mariage seraient tous appelés du nom de leur père, au contraire de ce qui se pratique dans le sud de l'île [1]. »

A l'heure actuelle, en Afrique, l'Islamisme conquérant est en voie de changer le droit de famille de nombreuses tribus indigènes et de substituer chez elles la filiation par les mâles à la descendance maternelle. Il apporte avec lui les principes de la famille patriarcale sémitique, et des idées d'organisation politique féodales ou aristocratiques, qui transforment profondément les communautés primitives africaines : celles-ci, abandonnées à leur développement naturel sont généralement démocratiques, et la démocratie chez elles ne cède la place ci et là qu'à des tyrannies féroces, excessives, comme au Dahomey.

[1] *Dapper*, Description de l'Afrique, p. 438. Amst. 1686.

A cet égard, dans le monde africain, les deux systèmes de famille qui nous occupent présentent une antithèse d'un caractère remarquable. La parenté par les mâles et la succession par le fils aîné s'offrent non-seulement comme l'attribut des races *supérieures*, et partant conquérantes, mais encore appartiennent plus spécialement aux familles aristocratiques et aux tribus nobles — tandis que les communautés démocratiques suivent généralement les principes de la famille utérine.

Ce contraste est saisissant chez les peuplades du sud de l'Égypte, entre les Bogos et Marea d'un côté, et les Bazes et Barea de l'autre, les derniers représentants de l'ancien empire abyssin [1].

Les Bazes et les Barea, avons-nous dit, ne comprennent la famille que du côté maternel.

[1] *Munzinger*, Ostafric. Stud., 476 et suiv. M. Munzinger oppose avec raison le droit et les mœurs de ces races chamitiques, à celui des populations patriarcales aristocratiques du nord de l'Afrique, généralement sémitiques.

Ils forment des communautés essentiellement démocratiques, où règne une égalité absolue : « le caractère fondamental du droit démocratique de ces peuples, dit Munzinger, c'est d'estimer peu la chose et les biens matériels, et beaucoup la personne. » La notion de la propriété chez eux n'est nullement développée, et la propriété elle-même n'y jouit que de peu de considération ; les crimes contre elle sont légèrement punis. »

« Leurs communautés sont composées de personnes, et non pas de familles. » Chaque individu vit dans celle des communautés qui lui plaît, sans être assujetti par les mœurs ou par ses intérêts à résider avec sa parenté.

« La famille ne possède aucune valeur politique. » Elle ne consiste en réalité que dans les rapports entre l'oncle et les enfants de sa sœur, dont la vie et la liberté lui appartiennent ; le père n'a sur ceux qu'il a engendrés aucune autorité.

Cette absence de *famille*, dans le sens réel

du mot, donne à ces sociétés barbares une physionomie étrange. Comme il n'existe chez elles ni arbres, ni traditions généalogiques, ni corporations aristocratiques, la mémoire des parentés s'efface rapidement : des générations d'*individus*, parfaitement égaux entre eux, se succèdent et s'éteignent avec une égale monotonie. L'homme, dont le rôle est purement personnel, disparaît sans laisser de traces, sans fonder d'œuvre durable, c'est-à-dire de famille ; sa personne n'a pas de continuation : dans l'avenir, point de successeurs ; dans le passé, point d'ancêtres, le présent n'offre pour lui qu'un intérêt égoïste, et la vie s'écoule sans idéal de progrès.

Cet isolement de l'homme se retrouve chez tous les peuples où la famille ne se perpétue que par les femmes : dans ces nations, les individus se rattachent seulement au tronc maternel, comme les feuilles d'un arbre, qui, toutes, sont semblables entre elles, et également improductives ; « comme les feuilles emportées par le vent, les créatures masculines meurent, s'oublient et sont remplacées » par d'autres fils de la Femme. Peut-être n'est-ce pas sans intention qu'Homère, en se servant de cette comparaison dans le célèbre épisode de la rencontre de Diomède et Glaucus, l'a placée dans la bouche de Glaucus, un de ces Lyciens qui ne peuvent nommer les pères de leur père : « O valeureux fils de Tydée, à quoi bon t'informer de ma race? Pareilles aux feuilles de la forêt, telles sont les générations des hommes : aujourd'hui le vent les disperse sur le sol, et demain, lorsque le printemps renaîtra de nouveau à la vie, le bois qui bourgeonne en poussera d'autres — tel est le genre entier des hommes, celui-ci croît et celui-là disparaît [1]. » Cet écho mélancolique de la Lycie, qui interrompt les combats de l'Iliade, trahit une philosophie lugubre peu familière aux Grecs. A la fleur de la jeunesse, le brillant héros lycien

[1] *Il.* VI, 145-149.

n'a devant les yeux que la pensée de son existence éphémère; il n'est sur terre qu'une apparition individuelle; non plus que son père il ne laissera de famille et ne transmettra un nom à ses enfants.

De même, dans ces démocraties africaines, décrites par Munzinger, l'homme ne fait pas souche, et la « famille, » cette grande raison du progrès humain, n'existe pas.

Les tribus des Bogos et des Marea forment un contraste frappant avec celles des Bazes et des Barea. — Chez les Bogos et Marea, c'est au contraire « la famille qui détermine l'État; » la population n'est pas comptée par têtes, mais par familles; l'individu n'y vaut pas par lui-même, mais par sa parenté et par sa généalogie. La communauté politique de ces tribus n'est qu'une famille patriarcale agrandie (Familienstaat): le droit d'aînesse par les mâles est la base de leur constitution. Chez les Bogos un clan domine les autres, et son autorité se fonde sur la tradition d'une descendance d'un

« père, » que représente toujours le premier-né du premier-né, sous le nom de « Shum. » Ce sont des communautés aristocratiques, où l'on rencontre même des institutions féodales.

---

§ 4.

Le régime patriarcal paraît propre aux familles riches.

Si le régime patriarcal doit souvent son origine à la conquête, rien ne prouve cependant qu'il n'ait pu s'établir chez un peuple à la suite des progrès de sa civilisation propre. Il faut se défier en histoire de la tendance qui porte à expliquer les institutions caractéristiques d'une société par les immigrations de races étrangères : c'est une théorie plus mécanique que philosophique, que de réduire à de simples superpositions de peuples différents, ce qui peut avoir été le produit d'une évolution organique. Une population de même sang a pu développer en son sein, et sans le secours d'une invasion étrangère, les principes de la famille masculine, par le seul fait d'une amélioration graduelle du droit de propriété. Quelques nations barbares nous offrent d'ailleurs le spectacle d'une de ces transformations organiques de la société, à la suite d'une modification économique à l'intérieur de la famille.

Ainsi, chez les Tlinkithes de l'Amérique russe, les riches et les chefs commencent aujourd'hui à donner à leurs enfants *le nom paternel*, tandis que la masse pauvre de la population suit encore les institutions de la famille utérine et porte toujours *le nom maternel* [1]. On observe en Australie une évolution analogue: la transition de la parenté par les femmes à la parenté par les mâles semble également devoir s'effectuer dans les familles des chefs, comme une conséquence de la richesse ou de la puissance guerrière. Parmi plusieurs tribus il n'est pas rare de voir le fils du chef succéder aux droits politiques de son père, contrairement à

[1] *Holmberg*, Skizzen über die Vœlker des russischen Amerika, p. 32. Helsingfors, 1855.

la loi successorale de ces peuplades, qui ne reconnaissait, jusqu'à une époque récente, que la parenté maternelle et que le nom matronymique.

Un développement analogue, prenant sa source dans le progrès spontané d'un peuple, a pu se produire dans l'Égypte primitive : la filiation par les mâles a pu devenir graduellement le droit particulier des castes supérieures, pendant que la filiation utérine continuait à régler la loi des parentés parmi les basses classes. Ce droit populaire ne se sera effacé que lentement sous la civilisation des Pharaons, et aura reparu avec plus de vigueur sous les dynastes grecs, intéressés à faire revivre les anciennes institutions populaires contre les castes aristocratiques [1]. Cette supposition rendrait compte de la coexistence d'un double système de famille dans l'Égypte ancienne, et il

[1] Telle est l'opinion de M. Bachofen ; voyez Mutterr., 103, 153 et 154, et en particulier ce qu'il dit du Πίρωμις ἐχ Πιρώμιος.

n'y aurait pas nécessité, pour justifier cette antithèse, de considérer la civilisation égyptienne comme le fruit d'un compromis entre races d'origine distincte.

Une opposition de cette nature paraît avoir existé au milieu de plusieurs populations de l'antiquité, parmi lesquelles les hautes castes possédaient une religion et des lois civiles spéciales, tandis que les classes inférieures du peuple étaient abandonnées à des règles juridiques grossières, au « droit naturel. » Ainsi le corps patricien de Rome offre, dans les premiers siècles, un contraste marqué avec la plèbe italiote — le « *matris genus* » de Virgile — dont la famille ne paraît pas, à l'origine, avoir eu de « *pater* » à sa tête, et peut-être même serait-il permis d'une façon générale de supposer que la famille patriarcale n'a été, à son origine, que la forme aristocratique de la parenté, le droit civil particulier de gens riches et puissants, en un mot un progrès de la civilisation.

RÉSUMÉ

Si nous cherchons à résumer les traits essentiels des développements qui précèdent, nous serons conduits aux résultats suivants : — le premier aspect sous lequel s'offrent les sociétés primitives, est celui de grandes masses, et non pas de la petite famille patriarcale. Au sein de ces masses, la parenté individuelle est inconnue à l'origine : les individus sont affiliés au groupe dans son ensemble, à la horde entière : l'enfant a pour pères, tous les pères de la communauté, et — chose répugnant plus encore à notre sentiment, il ne connaît pas une femme seule en qualité de mère, mais toutes les femmes de la horde le tiennent indistinctement pour leur fils.

Après une nuit dont on ne saurait calculer la durée, sortant comme d'une matière à l'état diffus et sans organismes, le genre humain manifeste une tendance continue à « l'individuation, » tendance qui paraît avoir été sa loi de développement ; les masses paraissent se scinder ; de petits groupes s'isolent plus ou moins de la horde, et commencent à vivre d'une existence particulière.

A ce moment s'élabore le principe de la famille : le mariage — c'est-à-dire l'union plus ou moins durable d'un nombre plus ou moins grand d'individus — devient une habitude ou une nécessité dans les communautés primitives : la notion de parenté individuelle surgit, mais d'abord limitée aux seuls parents par les femmes ; la première « famille » se dessine, se groupe autour de la mère, et non du père ; dans ces groupes de consanguins, l'oncle maternel remplit souvent l'office du patriarche, et les biens passent en ligne indirecte du frère de la mère au neveu.

Enfin, résultat tardif d'évolutions séculaires et de lentes améliorations dans les conditions économiques, la famille patriarcale, basée sur le principe du mariage — union d'un seul homme avec une ou plusieurs femmes — apparaît sur la scène anté-historique, comme un progrès de l'esprit humain sur d'antiques et grossières institutions. A son avénement, un vieux monde s'écroule, et sur ses ruines s'élèvent ces sociétés qui nous paraissent déjà vieilles, lorsque commence l'histoire proprement dite.

Dans ce tableau, la *famille* se développe lentement à travers les âges pour se rapprocher des types actuels ; elle se transforme d'une manière continue ; elle n'*est* pas à priori : elle *devient* — et, si toutes les races ont eu pour point de départ cette bestiale promiscuité observée chez quelques peuples, l'histoire de la famille se présente, en ce cas, sous un aspect plus élevé que celui qu'elle offre dans la théorie traditionnelle — elle est une conquête de l'homme.

Cette considération atténuera pour beaucoup la brutalité des conclusions de l'exégèse dont nous venons de résumer le tableau. Cependant un grand nombre continuera à se révolter à la pensée que nos ancêtres n'ont connu, pour première forme de société, qu'un état semblable à celui des faunes humaines de l'Océanie ou de l'Afrique. — Pour nous, suspendant jusqu'à évidence acquise notre conclusion formelle, nous continuerons à rassembler les éléments d'une solution décisive du gros problème de nos origines — et, moins sensible à la gloire qu'à la vérité, nous enregistrerons sans effort et sans nous voiler la face, les témoignages que, dans son indifférence, la libre recherche pourra nous dicter.

TABLE

DES

MATIÈRES CONTENUES DANS CET OUVRAGE

PAGES

CHAPITRE Ier

CHAPITRE II

CHAPITRE III

CHAPITRE IV

CHAPITRE V

CHAPITRE VI

DU MÊME AUTEUR

La Mère chez certains peuples de l'antiquité, Paris et Leipzig, 1867, E. Thorin et Brockhaus.

Janus, traduit de l'allemand, Paris, 1869, A. Lacroix, Verbœckhoven et Cie.

La Papauté et l'État, traduit de l'allemand, Genève, 1870, Cherbuliez.

Coriolan devant M. Mommsen, critique d'une critique, Genève, 1871, Cherbuliez.

La Royauté et la Bourgeoisie, étude sur l'histoire de France. Paris, 1871.

www.ingramcontent.com/pod-product-compliance
Ingram Content Group UK Ltd.
Pitfield, Milton Keynes, MK11 3LW, UK
UKHW022007170726
13837UKWH00001B/28